CATARATA

DAVID LIZOAIN BENNETT

Es economista. Tras realizar sus estudios en Harvard y The London School of Economics, se instaló en Barcelona, donde ha sido asesor económico en el Departamento de Presidencia de la Generalitat y secretario de Estudios y Programas del Partit dels Socialistes de Catalunya (PSC-PSOE). Comenta temas de actualidad en medios como *Ctxt*, *Social Europe*, *El País* y *El Periódico*.

David Lizoain Bennett

El fin del Primer Mundo

CATARATA

SERIE DILEMAS DE LA SOCIALDEMOCRACIA
DIRIGIDA POR IGNACIO URQUIZU

FUENCARRAL, 70
28004 MADRID
TEL. 91 532 20 77
FAX. 91 532 43 34
WWW.CATARATA.ORG

EL FIN DEL PRIMER MUNDO

ISBN: 978-84-9097-352-3
DEPÓSITO LEGAL: M-30.700-2017
IBIC: JP/JFF

ÍNDICE

PRÓLOGO

IGNACIO SÁNCHEZ-CUENCA

Cuando llegó la crisis económica a los países ricos en 2008, fuimos unos cuantos los ingenuos que pensamos que la versión más rabiosamente neoliberal de la globalización había quedado herida de muerte. En aquellos primeros momentos, incluso un político conservador como Nicolas Sarkozy habló de la necesidad de "refundar el capitalismo", consciente de que la desregulación financiera había ido demasiado lejos, provocando los desequilibrios que causaron lo que algunos han llamado la "Gran Recesión".

Por esa misma razón, también muchos pensamos equivocadamente que los partidos conservadores y liberales serían castigados por los electorados de los países desarrollados y que, en cambio, los partidos socialdemócratas tendrían una oportunidad de oro para mostrar que sus políticas eran mejores. Al principio, de hecho, pareció que la intervención de los estados para salvar al mundo de un colapso financiero rompería de una vez por todas las recetas neoliberales, incluyendo el recelo sobre la intervención del sector público en la economía. Sin embargo, el despertar neokeynesiano de 2009 fue tan solo un chispazo fugaz. A partir de 2010, la ortodoxia neoliberal volvió a imponerse, y esta vez con bríos renovados. Se introdujeron recortes en los sistemas de pensiones de casi todos los países europeos (con España en una posición muy destacada), se impusieron las políticas de ajuste en un momento de contracción de la demanda (la famosa "austeridad") y se desregularon aún más los mercados de trabajo (de nuevo, con España como alumno especialmente aplicado). Los partidos socialdemócratas, lejos de protagonizar la salida de la crisis, han quedado diezmados en casi todos los países, obteniendo sus peores resultados desde la Segunda Guerra Mundial.

Como muestra David Lizoain en este libro imprescindible, la crisis centrifugó tendencias que venían fraguándose tiempo atrás, tendencias que estaban erosionando y descomponiendo las estructuras que constituyen la base del llamado Primer Mundo. El diagnóstico de Lizoain quita el aliento: la explosión de las burbujas ha dado paso a un panorama de estancamiento económico, sin expectativa de tasas de crecimiento como las que se producían gracias a la especulación financiera e inmobiliaria; la esperanza de que las generaciones futuras vayan a vivir mejor que las precedentes se está desvaneciendo; la desigualdad parece ya una característica intrínseca del sistema; la clase media va menguando, cayendo una parte significativa de sus efectivos hacia posiciones más bajas en la escala social; el Estado de bienestar, tanto por la evolución demográfica como por la presión que introducen las políticas neoliberales, se encuentra en una posición crecientemente precaria; y la vivienda se constituye como fuente última de protección de las personas ante las incertidumbres vitales y económicas, produciéndose una nueva y profunda división social entre propietarios y no propietarios.

Todos estos cambios han generado miedo y ansiedad. Según una de las tesis fuertes del libro, es la pérdida de seguridad económica lo que explica los desarrollos políticos tan desconcertantes a los que estamos asistiendo (la elección de Trump, el Brexit, el auge de partidos xenófobos y chovinistas en casi toda Europa). La crisis no ha fortalecido a la izquierda, sino que ha provocado un reflujo reaccionario (con las excepciones parciales de España y Grecia). Para conjurar el temor a un futuro desconocido o no especialmente atractivo, amplias capas de la población, sobre todo los más desprotegidos ante las consecuencias negativas de la globalización y la crisis económica, han optado por partidos y líderes que prometen recuperar la seguridad perdida cargando contra los inmigrantes, el libre comercio y las elites tradicionales. Aunque la percepción de que los gobiernos han perdido en buena medida el control de la situación esté justificada (esto es lo que llamé en un libro "la impotencia democrática"[1]), las soluciones que proponen estos partidos para recuperar el control resultan engañosas: el problema no se arregla con mayor homogeneidad social o remplazando unas elites políticas por otras nuevas. Más bien, lo que se necesita para neutralizar estas derivas políticas es encontrar la manera, en un escenario tan adverso como el de la globalización financiera, para reintroducir seguridad económica.

La pregunta del millón es si hay alguna forma de romper la tendencia reaccionaria, es decir, si puede construirse una coalición alternativa (que necesariamente tendrá que ser muy heterogénea, incluyendo jóvenes, mujeres, inmigrantes y trabajadores golpeados por la globalización) que sea mayoritaria y pueda introducir nuevas políticas. Esas políticas, sin duda, requerirán una fiscalidad fuerte que permita reforzar el Estado de bienestar, así como poner en práctica nuevas políticas igualitarias (ingreso mínimo garantizado, etc.). Pero esto no será suficiente.

Lizoain, a pesar de que es un optimista, no se hace ilusiones y considera que las soluciones nacionales

---

1. Ignacio Sánchez-Cuenca (2014): *La impotencia democrática. Sobre la crisis política de España*, Madrid, Los Libros de la Catarata.

unilaterales no funcionarán. La nueva coalición progresista, a su juicio, tendrá que ser transnacional. Para embridar a los poderosos mercados hace falta ampliar el alcance de la democracia y eso solo puede conseguirse mediante la coordinación de esfuerzos nacionales. Necesitamos democracias tan fuertes como lo son los propios mercados. Democracia y mercado tienen que reequilibrarse después de la crisis.

¿Hay algún motivo para esperar que una coalición trasnacional opuesta a los excesos neoliberales pueda realmente configurarse en los próximos tiempos? En el pasado, las guerras deshacían las relaciones económicas y políticas y obligaban a una reestructuración profunda de la economía y la sociedad. Por fortuna, la probabilidad de que los países del Primer Mundo vuelvan a involucrarse en guerras como las del pasado es más bien remota. Sin embargo, en el futuro a medio plazo figuran amenazas con consecuencias tan devastadoras como las de una conflagración bélica. Lizoain analiza en el libro la posibilidad de que el peligro de catástrofe medioambiental pueda generar una coalición transnacional masiva que luche contra el *establishment* miope que está actualmente en el poder. Esa lucha permitirá un gran estímulo económico global (creación de empleo verde, inversión masiva en tecnologías limpias) y, a la vez, obligará a redefinir las reglas de la globalización para que esta no resulte tan dañina. Se trata de una batalla que, en caso de que llegue a darse, encabezarán los países del Primer Mundo.

Lizoain ha escrito un libro fundamental para entender los cambios acelerados que se están produciendo en los países desarrollados, el llamado "Primer Mundo". Ofrece un análisis muy completo de las transformaciones que están teniendo lugar y de sus consecuencias políticas. Basándose en las fuentes más diversas, va dibujando un retrato exacto (y sobrecogedor) de la situación en las que nos encontramos a la salida de la crisis. Todas las piezas del rompecabezas van encajando. El lector encontrará aquí integrados muchos análisis que puede haber leído separadamente en ocasiones anteriores.

La síntesis que propone Lizoain es verdaderamente meritoria. En el mejor estilo anglosajón de ensayo de economía política, el autor va pegado a la realidad, frente al ensayo hispánico, de naturaleza más brumosa y discursiva. Mediante multitud de datos, Lizoain construye paso a paso su diagnóstico de nuestra época, en la línea que he apuntado antes: la pérdida de seguridad económica que el neoliberalismo y la crisis han producido es la causa principal de la fiebre reaccionaria anti-*establishment* que se observa en tantos países del Primer Mundo. Son tantos los asuntos que trata que en muchas ocasiones el autor se ve obligado a resumir situaciones complejas mediante pequeñas píldoras de gran efectividad. Por ejemplo, para mostrar el envejecimiento de la sociedad japonesa, el autor menciona que la venta de pañales para adultos ya ha superado la de pañales para niños; para subrayar la atención que la Unión Europea presta a los jóvenes, recuerda que la Unión gasta más dinero por vaca que por joven parado; para ejemplificar las desigualdades mundiales en cuanto a gasto energético, nos informa de que Liberia entera tiene menos capacidad de consumo eléctrico que el estadio de futbol americano de los Dallas Cowboys; y como ilustración de la irracionalidad del sistema, resulta que la proporción del PIB mundial dedicado a subvencionar al carbón es superior al gasto público mundial en sanidad.

Para comprender una época suele ser necesaria la perspectiva histórica. Cuando escribimos sobre el presente nos cuesta mucho distinguir lo importante de lo pasajero. Hay autores, sin embargo, que tienen la asombrosa capacidad de permitirnos entender lo que verdaderamente nos está pasando y las consecuencias que todo ello puede acarrear. David Lizoain es uno de ellos. El lector podrá comprobarlo leyendo este libro. Y, por si esto no fuera suficiente, el libro nos invita a pensar en soluciones que corrijan el rumbo torcido que el mundo parece estar siguiendo.

INTRODUCCIÓN

Nunca se ha vivido tan bien. Probablemente formas parte del 1% de los seres humanos más ricos de todos los tiempos. Esto es posible gracias a una combinación entre historia y lugar geográfico. La estimación más precisa sugiere que, a lo largo de la historia de la humanidad, alrededor de 100 mil millones de personas han vivido en el planeta, aunque el 7% habita actualmente la Tierra, y tú eres mucho más rico que todos esos forrajeadores y agricultores de subsistencia. Sostener un libro o una tableta en tus manos ya es un lujo que la mayoría de seres humanos nunca ha llegado a experimentar. Y si estás leyendo esto, todo indica que eres una de las 1,4 mil millones de personas que vive en un país rico. Esto corresponde, aproximadamente, al 1% mundial histórico.

Como ciudadano o ciudadana del Primer Mundo, no esperas que te devore un lobo o algún otro depredador, o ser víctima de toda una serie de peligros controlada por los avances científicos y tecnológicos. El consumidor medio vive mejor que Luis XIV, Rey Sol de Francia; tiene acceso a mejor comida y vino, más y mejor ocio y a un conocimiento casi infinito a través de su teléfono móvil. Estamos más sanos y somos más ricos que nunca; la mortalidad infantil ha disminuido, mientras que la alfabetización y la esperanza de vida han aumentado. La medicina y la sanidad siguen mejorando y el número de muertos a causa de la guerra ha caído drásticamente en los últimos años. En Estados Unidos, desde 1800, el PIB per cápita se ha multiplicado por veinte. No hay nada como el presente.

Problemas del Primer Mundo (#firstworldproblems) es el nombre de un meme que critica las quejas menores de personas privilegiadas y ajenas a la realidad. Dentro de esta categoría, resulta que la queja más común es que internet vaya lento[1].

Nacer hoy en el Primer Mundo es como ganar la lotería del nacimiento. Aun así, millones de personas en los países más ricos están cabreadas. Tienen que lidiar con unas economías estancadas, una desigualdad creciente y montañas de deuda. El trabajo es cada vez más precario. Las poblaciones envejecen al mismo ritmo que la falta de oportunidades para los jóvenes. La xenofobia, el jingoísmo y la discriminación contra los inmigrantes van en aumento; la contaminación del medioambiente avanza más rápida que nunca. Y estos síntomas son cada vez más evidentes porque siguen empeorando. El Primer Mundo tiene cada vez más problemas y no son ninguna broma; ni para sus ciudadanos ni para el resto del mundo. Este libro trata de los problemas del Primer Mundo y cómo abordarlos.

¿NO ES MUY ANTIGUO HABLAR DE 'PRIMER MUNDO'?

El término "Primer Mundo" parece una reliquia de la Guerra Fría, y en efecto lo es; sus orígenes se remontan a la situación política internacional tras la Segunda Guerra

1. Paul Harper (2012): "Kiwis Complain about 'First World Problems'", *New Zealand Herald*, 8 de octubre, en http://www.nzherald.co.nz/nz/news/article.cfm?c_id=1&objectid=10839171

Mundial. El Primer Mundo consistía, básicamente, en el bloque capitalista desarrollado; por su parte, el Segundo Mundo comprendía el bloque comunista del Pacto de Varsovia. Todo lo demás (el grueso de la humanidad) se agrupaba dentro de la categoría del Tercer Mundo. El uso del término "Primer Mundo" alcanzó su punto álgido a finales de los años ochenta y principios de los noventa, y ha ido desapareciendo gradualmente desde entonces. Es lógico. El año 2017 marca el centenario de la Revolución rusa y la Guerra Fría terminó hace décadas; la Unión Soviética ya es un recuerdo lejano para la mayoría de los jóvenes; alrededor de la mitad de la población del mundo ni siquiera había nacido cuando cayó el Muro de Berlín, en 1989. Hablar del Norte global y del Sur suena más contemporáneo.

Sin embargo, considero que el Primer Mundo sigue siendo un concepto útil por tres razones. En primer lugar, delimita el grupo de democracias ricas e industrializadas. Los países ricos son similares a pesar de sus diferencias institucionales; forman un oasis privilegiado comparado con el resto del mundo. Podemos observar una serie de tendencias compartidas cuando vamos más allá de unos estereotipos de dudosa importancia (por ejemplo, los canadienses juegan al hockey sobre hielo y tienen policía montada y a los españoles les gustan los toros, el flamenco y las siestas). Todo el mundo aprende en el colegio lo especial que es su país, pero eso no lo convierte en verdadero.

Viviendo en Barcelona durante los peores años de la crisis pude comprobar cómo mucho de lo que salió mal en el Mediterráneo ahora está ocurriendo en otros países ricos. La lógica de la crisis española se está desarrollando en otros lugares, solo que a un ritmo más lento; ningún país está inmunizado frente al desmoronamiento de las cosas. Lo que fue tan chocante de la recesión en España no fue la crisis, sino el contraste que suponía respecto al éxito que había experimentado el país. España había estado convergiendo con el Canadá donde yo crecí.

Barcelona es ahora uno de los principales destinos turísticos de Europa donde, cada día, miles de personas desembarcan de los cruceros al pie de las Ramblas. Pero esta afluencia masiva es reciente; la ciudad hasta hace relativamente poco representaba una parada técnica de camino a la Costa Brava. Fueron las Olimpiadas del 92, organizadas sin móviles y correo electrónico, las que le dieron relevancia mundial. A finales de la década de los ochenta, la Guardia Civil aún escenificaba su fuerza en un extremo de la Rambla, mientras que en el otro extremo todavía se podían comprar animales exóticos enjaulados. La transformación ha sido drástica.

Viví al lado de las Ramblas durante seis años, en el Raval. Este barrio multicultural se ha ido gentrificando paulatinamente y ahora es uno de los favoritos de los *hipsters* europeos. En su momento, estaba tan estigmatizaba como el Barrio Chino, y era tristemente célebre por su prostitución, drogadicción y pobreza generalizada. Estos problemas no han desaparecido, pero se han ido ocultando o desplazando. Hasta hace poco, antes de las Olimpiadas, Barcelona aún tenía chabolas, pero, hoy en día, uno de cada cuatro niños todavía vive en la pobreza. La gran mayoría de los visitantes de la ciudad seguramente no descubrirán este hecho, aunque es posible que acaben gastando más en una pluma estilográfica o un bolso de lo que el español medio gana en un mes.

España fue durante un tiempo el modelo de una rápida y exitosa transformación. En una generación, pasó de emitir las corridas de toros en horario de máxima audiencia a aprobar el matrimonio igualitario; antes de la crisis, a ojos del mundo, España parecía haber escapado del legado de las décadas sofocantes bajo la dictadura Franco.

Con la Transición y los primeros años de democracia, España había pasado a formar parte del Primer Mundo. El crecimiento se disparó, la clase media creció y la democracia se consolidó; el país entró en la Unión Europea mediante un referéndum controvertido y confirmó su lugar en la OTAN. Habiendo logrado unos éxitos notables, no es muy difícil de entender por qué ganó este modelo; las Olimpiadas de Barcelona simplemente fueron la confirmación: mostraron al mundo que España era un país de primera división[2].

LA DESCOMPOSICIÓN DEL PRIMER MUNDO

La segunda razón por la que me centraré en el Primer Mundo es que no es solo un lugar, sino también un proyecto[3]. El término "Primer Mundo" es superior a sus rivales. El de "Occidente" suena demasiado provinciano; el de "Mundo Libre" demasiado absurdo y la OCDE demasiado tecnócrata. El Primer Mundo representó una serie de ideales e ideas y compitió directamente con el desafío ideológico planteado por el bloque comunista. Para legitimar su modelo de capitalismo liberal, hizo una serie de promesas: un crecimiento rápido, unas clases medias en auge, libertad política y unas alianzas protectoras bajo el paraguas de la seguridad estadounidense.

Cuando comenzó la Guerra Fría, la victoria de los capitalistas no parecía evidente; una economía planificada parecía una alternativa viable después de la experiencia de la depresión y la guerra. "Nosotros los enterraremos", dijo Nikita Kruschev a un grupo de diplomáticos occidentales en 1956. En aquel momento, los líderes comunistas más optimistas pensaban (y los líderes capitalistas lo temían) que el comunismo soviético sería capaz de vencer al

2. Las Olimpiadas de Seúl en Corea jugaron el mismo papel.
3. Esta formulación se hace eco de la descripción de Vijay Prashad sobre el Tercer Mundo: *The Darker Nations: A People's History of the Third World. A New Press People's History*, Nueva York, New Press, 2008.

mundo capitalista con su propia medicina y superar su capacidad de producción.

Nací en 1982, unos años después de que China hubiera comenzado a liberalizarse y unirse al mercado global. Si hubiera nacido más tarde, los mapas que había en el colegio y que todavía mostraban la URSS hubieran estado desfasados. Mi generación creció justo cuando un modelo derrotó al otro. Incluso un McDonald's se instaló en el Kremlin; los arcos dorados desplazaron el martillo y la hoz. Deberíamos haber sabido entonces que las cosas iban mal y que ninguno parecía una utopía convincente.

La caída del Muro de Berlín marcó el fin de la historia. Fue el triunfo decisivo del Primer Mundo y de todo lo que este representaba, sobre todo el fundamentalismo de mercado. Lo único que quedó en el tablero de juego fue un capitalismo mundial en constante expansión, cuyos jugadores estaban embriagados por el éxito; la serie televisiva más influyente en Estados Unidos en los noventa era *Seinfeld*, un espectáculo sobre la nada (o los narcisistas); incluso el Partido Comunista de China comenzó a depender de los frutos de un capitalismo codicioso para justificar la continuación de su dictadura. Los ajustes estructurales habían asesinado el proyecto del Tercer Mundo surgido de la conferencia afroasiática de Bandung. La hegemonía del Primer Mundo y su orden liberal parecían totales. Por fin, todos podrían disfrutar de más y mejores cosas para siempre.

El espíritu de la época lo marcaba el optimismo. Las crisis financieras se multiplicaban —en América Latina, Asia y Rusia—, pero estos eran desafortunados y pequeños contratiempos y no una señal de lo que estaba por venir. El primer ministro de Canadá de ese momento, Jean Chrétien, era propenso a la fanfarronería chovinista: como Canadá encabezaba el Índice de Desarrollo Humano de la ONU, infería que era por lo tanto el mejor país del mundo. Sin embargo, la epidemia de personas sin hogar, a menudo letal en un país frío, y las políticas de austeridad del gobierno se consideraron irrelevantes.

Ahora estamos pagando los platos rotos de ese triunfalismo que no cuestionaba nada, donde la amenaza soviética desapareció y el *establishment* se volvió complaciente; donde hablar acerca de la desigualdad y la distribución ya no estaba de moda. Los gobiernos desregularon el sector financiero, liberalizándolo para poder recorrer la Tierra en busca de nuevas víctimas; por su parte, los banqueros perfeccionaron su alquimia, engordando sus retribuciones y desplazando los riesgos hacia todos los demás. Gordon Brown prometió que no habría un "retorno a las burbujas y pinchazos del pasado" y los economistas hablaron de una Gran Moderación, es decir, de una época de tranquilidad. Incluso José Luis Rodríguez Zapatero afirmó que España jugaba en la Liga de Campeones de la economía.

La crisis financiera global cogió por sorpresa a los poderes fácticos. "¿Por qué nadie se dio cuenta?", preguntó la reina de Inglaterra. Sacudió todo el sistema; el fin de la historia había terminado y, en su lugar, los pilares ideológicos del Primer Mundo comenzaron a desmoronarse: el crecimiento empezó a estancarse, las clases medias a reducirse y la democracia liberal a empobrecerse. De esta manera, la derecha radical y los demagogos van ganando fuerza porque lo que ofrece el *establishment* parece menos atractivo que nunca. Por primera vez en generaciones, los jóvenes ya no esperan vivir mejor que sus padres, y aunque el capitalismo globalizado sigue en marcha, ya no funciona en su núcleo inicial. Esto explica que los 14 distritos de Lancashire, cuna de la Revolución industrial, hayan terminado apoyando el Brexit.

El triunfo del modelo del Primer Mundo ha resultado breve; aun así, en contraste con el modelo soviético antidemocrático e incapaz de satisfacer las ambiciones consumistas, el primero parecía la panacea. Sus defensores argumentaron que las deficiencias de uno eran triviales en comparación con el otro porque, a pesar de las limitaciones de la democracia liberal de mercado, esto representaba un mal menor. Tras la bandera de la libertad, el sudeste asiático sufrió bombardeos masivos; el anticomunismo justificó golpes de Estado en Irán, Guatemala y Chile; la existencia de un Imperio del Mal facilitaba la hipocresía, pero sin ninguna alternativa seria; en definitiva, el Primer Mundo ha tenido toda la libertad para fracasar según sus propias condiciones.

La amenaza del comunismo ayudó a que los capitalistas se contuvieran. El Plan Marshall nació de la necesidad, no de la generosidad; su misión era impedir que los comunistas ganaran más terreno en Europa. La competencia entre los dos bloques de la Guerra Fría facilitó la consolidación de la socialdemocracia europea; nunca ha habido una versión más humana del capitalismo. Con el modelo social europeo, el Primer Mundo también pudo competir en términos de bienestar, pues su sólido crecimiento hizo posible la redistribución que sostuvo el sistema político.

La Guerra Fría logró reconciliar durante un tiempo el capitalismo y la democracia. Ahora, la actividad sin restricciones del primero amenaza a la segunda y las advertencias son cada vez más evidentes. Como dijo uno de los asesores económicos de Donald Trump, "el capitalismo es mucho más importante que la democracia". La acumulación de la riqueza amenaza con arrollar nuestra capacidad compartida para el control democrático. Cuando se piensa en el futuro, cada vez parece más probable que sea una distopía y no una utopía.

LA REACCIÓN[4] EN EL PRIMER MUNDO

La tercera y última razón por la que he decidido escribir sobre el Primer Mundo es precisamente porque el propio

4. El término en inglés es *backlash*.

concepto resulta obsoleto. Un mundo dividido en Primero, Segundo y Tercero ya no se corresponde con la realidad; el Segundo Mundo ya no existe. Además, este esquema tampoco resulta útil cuando se trata de entender el crecimiento de China. Pero los viejos hábitos tardan en morir pues la ideología dominante forma parte del esquema mental de muchas personas, aunque este pase desapercibido.

Una gran parte de la población de los países ricos todavía piensa en el Primer Mundo como un marco para comprender la realidad, dan por hecho que sus países siempre serán más ricos y más libres que todos los demás. La lenta constatación de que las viejas jerarquías están colapsando genera una enorme ansiedad. Por ejemplo, en el ámbito doméstico, las mujeres y las minorías étnicas están recortando distancias respecto al hombre blanco; a escala mundial, el campo de juego cada vez está más nivelado.

Los ciudadanos descontentos de estos países han comenzado a rebelarse, ya que la realidad queda lejos de sus expectativas. Donald Trump se quejó en el primer debate presidencial: "Nos hemos convertido en un país del Tercer Mundo". Es doloroso descubrir que uno —en este caso los ciudadanos del Primer Mundo— ya no es el centro del universo. En el siglo XVII, la Inquisición persiguió a científicos como Galileo por rechazar el geocentrismo; cada edad tiene sus fanáticos de la nostalgia.

Tanto el Tercer Mundo como el Segundo se han cobrado su venganza. La crisis de la deuda, los programas de ajuste estructural y las décadas perdidas se han extendido desde la periferia hacia el centro; mientras tanto, las esperanzas postsoviéticas para la democracia capitalista no se materializaron. El capitalismo se extendió hacia el Este, mientras el autoritarismo resurgía en el Oeste. Rusia, Hungría y Polonia muestran patrones para los regímenes nacionalistas autoritarios que están por venir.

El auge del fascismo y del populismo coincidió con la última gran crisis capitalista y ahora la historia corre el riesgo de repetirse, lo que supone una mala noticia no solo para los ciudadanos del Primer Mundo, sino también para los del mundo entero; ha resucitado el deseo de reafirmar el dominio. La derecha radical se ofrece a defender los niveles de vida subyugando a los demás; la búsqueda de chivos expiatorios ha comenzado de nuevo. Cada día en que los movimientos políticos xenófobos ganan adeptos, la reacción se hace más fuerte.

Antes, los ciudadanos del Primer Mundo subrayaban la superioridad de su sistema, pero ahora vuelven a la afirmación de la superioridad de su gente; vuelven con la amenaza de una era de muros, de exclusión y de jerarquías. El sueño de la Europa social da paso a la pesadilla de la Europa fortificada y el proteccionismo ha vuelto a cobrar protagonismo; cerrar las fronteras a los bienes es el preludio a cerrarlas a las personas. China se ha erigido en defensora del viejo orden; donde Nixon se fue a China, Xi Jinping se fue a Davos. Sabes que el mundo transita por un camino peligroso cuando el garante del capitalismo es un partido comunista.

PASADO, PRESENTE Y FUTURO

En lugar del plácido y predecible Fin de la Historia, nos encontramos ante el abismo aterrador de lo desconocido. Cada día parece que las cosas tienen menos sentido y las encuestas arrojan inestabilidad en lugar de aportar seguridad. A pesar de que el mundo está más conectado que nunca, solo sirve como un recordatorio de cuántas visiones diferentes de la realidad coexisten, pues el antes y el después generacional son particularmente difíciles de reconciliar. La gente de mi edad puede mirar hacia atrás para observar el mundo analógico que habitamos brevemente, sorprendidos por cómo la gente hacía su trabajo con tecnología tan arcaica.

Mi generación ha alcanzado la mayoría de edad al mismo tiempo que los países ricos hacían esa transición de lo viejo a lo nuevo. Hemos crecido a la par que la tecnología: estábamos allí en los albores de la web y los navegadores; cuando estudiábamos comenzábamos a utilizar Google, Wikipedia, Facebook y los teléfonos móviles, y, mientras tanto, los más jóvenes que nosotros ya dan el nuevo mundo por sentado. ¿Cuál ha sido el resultado de que todos tengamos en nuestro bolsillo un ordenador más potente que los de la NASA cuando enviaron al hombre a la Luna? Supuestamente, *Angry Birds* y *Candy Crush*. Todavía está pendinte la misión generacional de liderar la sustitución del neoliberalismo, pero, en un comienzo prometedor, mostrando una gran falta de gratitud hacia los que ganaron la Guerra Fría, solo uno de cada cinco *millennials* ha probado un Big Mac[5].

La transición de una época a otra ha sido tan rápida que no ha habido tiempo suficiente para que las sociedades se adaptaran. Un día tienes un teléfono de baquelita, al día siguiente un *smartphone* y de repente tu nieto se ha convertido en un *cyborg*. Y lo mismo pasa con la política actual, que permanece profundamente anclada en mentalidades del siglo XX. La falta de comprensión socava las respuestas mejor intencionadas. El tiempo biográfico y el tiempo histórico se van fusionando y eso hace que el futuro sea el presente, que el presente sea el pasado y que el pasado pueda ser el futuro —lo cual resulta muy alarmante—.

Lo que parecía que estaba en el futuro, lo tenemos ya encima de nosotros, incluso aunque queramos pretender que todavía tenemos tiempo suficiente. Ya ha llegado el mundo en el que las personas se ignoran a la hora de

5. Kayla Kumari Upadhyaya (2016): "Only 1 in 5 Millennials Have Tried a McDonald's Big Mac", 6 de octubre, en http://www.avclub.com/article/only-1-5-millennials-have-tried-big-mac-243793

cenar, sin apartar la vista de sus pantallas; un mundo en el que la escritura a mano y el dinero en efectivo pronto quedarán obsoletos. En su lugar, son los vehículos autónomos, los robots sexuales, las gafas de realidad virtual y la traducción universal automática (el Babel Fish de Douglas Adams) los que se están perfeccionando, y precisamente esa es la mayor fortaleza de *Black Mirror*, la de recordarnos que ya estamos viviendo en ese mundo. Además, los neofascistas no son una amenaza remota porque ya están aquí, y, nos guste o no, el clima está cambiando. Todos esos cambios extraños, estremecedores y que generan tanta preocupación confunden al viejo orden; las instituciones sociales y políticas existentes están atrapadas en el pasado.

Hacer frente a la reacción nos obliga a comprender que lo que entendemos como el presente ya es el pasado. Tanto el *establishment* europeo como el estadounidense han tardado mucho en entenderlo. La ansiedad social sigue en aumento —de momento en beneficio de los reaccionarios— porque todas las certezas que legitimaron el proyecto del Primer Mundo se están derrumbando. Los mitos que sostenían el sistema se está demostrando que son más ilusiones que hechos.

EL PORQUÉ DE ESTE LIBRO

Tanto la convicción como la preocupación motivan este libro. La preocupación es por la descomposición del Primer Mundo y la reacción que esto está provocando. El Reino Unido ha votado el Brexit y Donald Trump ha sido elegido presidente; la derecha radical amenaza con lograr unos resultados históricos en una Unión Europea muy dañada. Además, la Unión ha sido incapaz de resolver la crisis del euro o de cumplir sus obligaciones con los refugiados. Mientras se ignora a los científicos que nos advierten sobre el grave peligro que supone el cambio climático, los demagogos y charlatanes salen fortalecidos, nutridos por una dieta constante de propaganda y mentiras.

Parece que en todas partes las fuerzas progresistas están retrocediendo. La vieja alternativa comunista desapareció hace años y la respuesta socialdemócrata a la crisis ha sido abismal, con unos partidos en declive constante y atrapados por la hegemonía neoliberal. Los actores políticos emergentes (por ejemplo, Syriza, Podemos, Jean-Luc Mélenchon) han ofrecido esperanza mientras exigían fe, pero aún no han demostrado su capacidad de transformación. El activismo de Occupy y de los indignados, aunque prometedor, todavía no ha generado ninguna nueva fuerza poderosa.

El viejo mundo y sus cantinelas han dado paso a un presente confuso. La sensación tranquila de superioridad de los países ricos ya no existe; el brillante futuro que prometieron a mi generación no se ha materializado y parece que todo va mal al mismo tiempo. Es fácil sentirse impotente y abrumado, pero no tiene que ser así, el mundo del siglo XXI todavía no está predestinado.

Estoy convencido de que un futuro diferente y mejor es posible, por eso este es un libro optimista para tiempos difíciles. Las instituciones dependen del comportamiento humano, su funcionamiento no está grabado en piedra. Así, la acción colectiva puede resolver los problemas colectivos porque el mundo que heredaremos depende de nuestra actividad política. Eso significa que todavía todo está en juego; por eso, señalar que el Primer Mundo se está descomponiendo no es solo una advertencia, sino también una llamada a la acción.

Este libro es un intento de mostrar un análisis de lo que está pasando, así como algunas propuestas sobre cómo hacer frente a los hechos. Comprender un mundo en constante cambio es la condición previa para generar respuestas adecuadas. Ha llegado la hora de realizar grandes cambios, los votos y escaños en los parlamentos siguen siendo necesarios pero todavía son insuficientes porque debe reconstruirse una nueva unión progresista que llegue más allá, lo que nos obligará a aumentar nuestra ambición transformadora compartida.

Todas las políticas pasan ahora por políticas sobre el clima[6], que van desde lo local hasta lo global. La derecha radical amenaza con inaugurar un régimen local alarmante de ecoapartheid. Por ello, es necesario combatir de manera conjunta el avance de la derecha y del cambio climático a través de nuevas formas de hacer política, de manera democrática y transnacional. El frente democrático del presente será el equivalente de los frentes populares de los años treinta, y si no lo hacemos realidad, estaremos abocados al desastre.

La lucha contra los defensores del *statu quo* neoliberal y contra la derecha radical resulta un debate polémico. Los primeros han sido los protagonistas de la descomposición del Primer Mundo y los segundos canalizan las reacciones que se producen. Pero el grueso del análisis de este libro se centra en cómo debería ser la alternativa a estos problemas, porque lo contrario, imaginar el fracaso de un futuro mejor, produce vértigo, y de ahí surge la derecha radical, de un abismo al que quieren arrastrarnos.

Es hora de reinterpretar lo que significa pertenecer al selecto club de los países del Primer Mundo; nunca tanto potencial se ha desperdiciado de tal manera en un espacio en el que una prosperidad sin precedentes coexiste con una precariedad galopante; donde una mayor conectividad humana convive con la vuelta al racismo más virulento; en el que el avance tecnológico junto con una destrucción planetaria inminente y la progresión

6. Daniel Aldana Cohen (2016): "Street Fight: Urban Climate Politics in an Age of Finance and Revolt", New York University.

material se juntan con la regresión moral. El antídoto a todas estas contradicciones parte de una mayor solidaridad, además de ser la clave para reconstruir un sentimiento de orgullo y de querer hacer. Un futuro mucho mejor nos está esperando.

CAPÍTULO 1

EL FIN DEL PRIMER MUNDO

El marco de la Guerra Fría fue útil por su simplicidad: una batalla maniquea entre el bien y el mal, entre la libertad y la tiranía. Los soviéticos eran el contrincante perfecto para héroes masculinos del cine como James Bond y Rocky, sin importar que la realidad estuviera mucho más cerca de la comedia macabra de Stanley Kubrick, *¿Teléfono rojo?, volamos hacia Moscú*. De la carrera espacial a los juegos olímpicos, los soviéticos eran el rival a batir. Cuando Canadá ganó a la URSS en hockey sobre hielo en 1972, supuso un hito nacional: más de cuatro de cada cinco canadienses lo vieron por la televisión. Por su parte, Estados Unidos vivió su propio "milagro sobre hielo" cuando derrotó al equipo soviético en 1980.

El colapso soviético redujo drásticamente la tensión dramática. En 1994, Disney lanzó *Vuelven los mejores*, segunda de una serie de películas sobre un equipo adolescente de hockey. El mejor rival supervillano que pudieron encontrar en el ámbito internacional fue el equipo de Islandia, lo que expresaría un temor subliminal a que el eficiente diseño escandinavo y sus juguetes colonizaran los hogares estadounidenses. Sin embargo, desde los vikingos, lo más peligroso que ha salido de Islandia ha sido un puñado de banqueros canallas y una nube de cenizas volcánicas. Preocuparse por esa pequeña isla es un lujo reservado solo para los mejores tiempos.

Aunque cronológicamente el nacimiento del milenio es reciente, su *Zeitgeist* parece algo muy lejano. Los confiados europeos se unieron para inaugurar el euro, esperando desafiar al dólar en la conquista por la supremacía mundial, abrir una nueva ronda de integración y ofrecer al mundo otro modelo de sociedad. En Reino Unido, la tercera vía centrista de Tony Blair prometía lo mejor de todo, tanto del capitalismo como del socialismo. Estados Unidos disfrutaba del auge económico bajo el mandato de Bill Clinton. Ya no existía un enemigo claro y a la vista de todo el mundo, aunque Clinton acabaría ahogando a Irak a base de sanciones y luego bombardearía una empresa farmacéutica en Sudán para desviar la atención de su flirteo con una becaria. James Bond, por su parte, estaba preocupado por cosas como los ciberterroristas, los medios de comunicación y Corea del Norte.

Varios acontecimientos pusieron fin al triunfalismo airoso de los noventa, que, recordando a Stefan Zweig, habían sido una era dorada de la seguridad. Los atentados del 11-S agujerearon de forma abrupta la sensación de invulnerabilidad estadounidense que había surgido durante la ausencia de una amenaza soviética. Un signo de aquellos tiempos fue cuando George W. Bush instó a los ciudadanos a "bajar a Disney World, en Florida" para mostrar confianza en los viajes en avión. Su camarilla de halcones de la Guerra Fría volvió entonces a la vida planteando un choque de civilizaciones con el mundo musulmán. Una vez más, tenían tanto un enemigo externo como un chivo expiatorio interno. Siguiendo con la tendencia estadounidense de declarar la guerra a conceptos (la pobreza, las drogas, incluso la Navidad, dependiendo de a quién se escuche), hicieron un llamamiento a una interminable guerra contra el terrorismo. Los adolescentes que ni siquiera habían nacido en el 11-S pronto tendrán derecho a votar. Aunque el hecho se desvanece en el pasado, el miedo y la política de estilo paranoico que se reavivaron entonces aún perduran.

El debacle de la guerra de Irak contribuyó aún más a disipar el idilio. Sus promotores no alcanzaron la misión que se habían propuesto y, en cambio, la invasión puso fin a la presunción de que Estados Unidos (y sus aliados europeos) podía disfrutar de una hegemonía incuestionable sobre el resto del mundo. Lo que terminó de rematar la antigua era fue la crisis financiera de 2007-2008 y la Gran Recesión posterior. Estos acontecimientos echaron por tierra la fantasía de la acumulación fácil y continua.

Estas sacudidas evidenciaron que las ideas dominantes de la época ya no eran válidas; pero sorprendentemente no produjeron una reacción mucho más grande a corto plazo. La crisis no conllevó un cambio significativo en el funcionamiento del mundo. El sector financiero se había vuelto todopoderoso, sus productos demasiado complicados y sus riesgos excesivos. Casi desencadenó el colapso de toda la economía mundial. Habría sido un buen momento para restringir su poder y así evitar la posibilidad de otra gran crisis; incluso Nicolas Sarkozy, el entonces presidente de Francia, pidió una reestructuración del capitalismo y sugirió que "cierta idea de la globalización está llegando a su fin".

Pero ni el capitalismo se ha refundado ni se ha domesticado el sector financiero. Los responsables de la crisis se han recuperado, tanto ideológica como materialmente. El gran desafío anticapitalista todavía no se ha materializado. Los centros financieros mundiales están en auge una vez más. El volumen de derivados —"armas de destrucción masiva financieras"— fue un 20% más alto en 2014 que en

2007[7], año previo a la crisis. Las elites, que trataron la recesión como un pequeño incidente, esperaban una rápida vuelta a la normalidad; proclamaron que lo peor de la crisis había pasado y volvieron a la rutina, al *business as usual*. Fue como si esa enorme conmoción del sistema nunca hubiera tenido lugar y pudiera ignorarse tranquilamente. No se dignaron a alterar una cosmovisión ya caducada. Resulta evidente que los antiguos parámetros ya no sirven.

El viejo consenso ha fracasado porque su mundo ha desaparecido. El *shock* del voto a favor del Brexit en Reino Unido fue una advertencia; la elección de Donald Trump, una confirmación. La realidad ha seguido un camino diferente al del futuro prometido. Las expectativas colectivas no se han materializado. Así que si no se puede garantizar un futuro mejor, ¿por qué no probar una vuelta al pasado? El peligro está en que las promesas de restaurar una edad de oro pasada acaben lastrando el presente y el futuro.

Este capítulo se centra en cómo las fichas de dominó están cayendo una tras otra. Comienza con la economía: ya no puede darse por sentado que el crecimiento es ilimitado. Como resultado, la clase media se reduce y está asustada. Una clase media estable ya no es sinónimo de estabilidad de la democracia liberal, y esto repercute en todo el orden global. El denominador común de estas cuestiones es la desaparición de las certezas.

Un cuarto de siglo después de la derrota de la Unión Soviética se cuestiona la creencia en la acumulación infinita. El capitalismo ya no es el salvador, y no ha habido golpe más devastador para el anterior régimen que la constatación de este hecho. La crisis del Primer Mundo es consecuencia de la crisis del capitalismo del Primer Mundo.

---

7. Mayra Rodríguez Valladares (2014): "Derivatives Markets Growing Again, With Few New Protections", *DealBook*, en http://dealbook.nytimes.com/2014/05/13/derivatives-markets-growing-again-with-few-new-protections/

LA PRIMERA FICHA DEL DOMINÓ: EL ESTANCAMIENTO CAPITALISTA

La religión del capitalismo es el crecimiento y los economistas son sus sumos sacerdotes. Examinan las entrañas del mercado en busca de presagios, discuten monásticamente los puntos de la doctrina esotérica y aseguran a los fieles que todo irá bien en esta vida y en la siguiente. Si la herejía religiosa más osada es postular la ausencia de Dios, el equivalente secular sería sugerir que el crecimiento ha llegado a su fin. Los principales macroeconomistas ya han dado la voz de alarma. La economía no está funcionando como debería: el Primer Mundo languidece de lo que ellos llaman el "Gran Malestar". Ha llegado la era del "estancamiento secular". Simplificando, esto significa que el bajo crecimiento podría persistir indefinidamente. ¿Y si los tiempos del fin de la economía, el apocalipsis del estancamiento secular, se ciernen ahora sobre nosotros?

No parece que sea tan improbable. Los excepcionales resultados económicos del Primer Mundo después de la Segunda Guerra Mundial fueron precisamente eso, una excepción. Que haya crecimiento económico década tras década es una anomalía histórica. Las generaciones que se han hecho mayores de edad durante la Gran Recesión, igual que las que lo hicieron durante la Gran Depresión, han aprendido a base de golpes que no siempre se puede contar con un crecimiento consistente. Las décadas perdidas, durante las que las economías se estancan o se reducen, ya no son solo cosa de África o América Latina. La economía japonesa es ahora más pequeña de lo que era hace dos décadas, los italianos son más pobres que a principios del milenio y los responsables políticos a ambos lados del Atlántico creen que esta tendencia continuará extendiéndose.

El hecho de que en el Primer Mundo el crecimiento se desacelere o llegue a su fin es aún más inquietante porque no está sucediendo en otras partes del mundo. El contraste inspira sentimientos de decadencia y declive, y los ciudadanos de los países ricos ven con envidia y temor cómo los países más pobres los están alcanzando. Todas las transformaciones apasionantes que logra el capitalismo —que en su día fueron descritas de forma vehemente por Marx y Engels en el *Manifiesto comunista*— parecen estar sucediendo muy lejos. Cuando era pequeño, los ciudadanos de Toronto se enorgullecían de albergar la Torre CN, "la estructura independiente más alta del mundo". Desde entonces, el Burj Khalifa, en Dubái, y un puñado de torres en Asia han empequeñecido ese falo de cemento de campeonato de Toronto, que ahora languidece solitario sobre el horizonte, recordando las pintorescas pretensiones de antaño.

El éxito del capitalismo depende de su capacidad para seguir produciendo más y mejores cosas. En términos aritméticos, los países ricos son prisioneros de sus éxitos del pasado. Mantener el ritmo de crecimiento se hace más difícil cuanto más rico se es, porque se necesita producir cada vez más para mantener la misma tasa de crecimiento. Elevar 100 dólares el PIB per cápita de Burundi supondría un aumento del 33%, mientras que 100 dólares más para el PIB per cápita canadiense sería un incremento del 0,2%. Cuanto más tienes, menos cuenta producir la misma cantidad. El crecimiento exponencial es difícil de sostener.

El jefe de sostenibilidad de Ikea ha sugerido que los países ricos han llegado al *peak stuff*, al "pico de los productos", en el que la demanda de los consumidores se ha saciado. Una vez que todo el mundo tiene una lavadora y una secadora, una tostadora y un microondas, una televisión y un conjunto de estanterías Billy, no queda mucho espacio para el crecimiento. Los mejores nuevos productos son diminutos o inmateriales. Se nota que Donald Trump tiene una mentalidad arcaica simplemente observando lo ostentoso que es su estilo en la decoración: la estética emergente del futuro no es tan rococó, Gustav Klimt o Studio 54, sino más bien tipo Bauhaus y la tienda Apple. Un mundo minimalista, de consumo discreto, es un mal augurio para un sistema basado en la producción infinita. Si no puede vender más cosas, tratará de compensarlo fabricando más porquería.

Sin crecimiento, tanto los capitalistas como sus administradores pierden la principal justificación de su autoridad: esa era su única obligación y no la cumplieron. El estancamiento corre la cortina para revelar al grande y poderoso Oz tal y como verdaderamente es. Si los capitalistas no están impulsando la economía con sus magníficas habilidades empresariales y de gerencia, deben de estar esquilmando los beneficios a todos los demás. Por ejemplo, hay estudios[8] que muestran que cuando los CEO de las empresas compran mansiones o usan *jets* corporativos, sus compañías van peor. Un sector financiero hipertrofiado es un lastre para el resto de la economía. Las finanzas son como las tuberías, que sean necesarias no justifica que se ponga un baño en cada habitación de la casa.

EL FIN DE LAS ILUSIONES

Antes de la Gran Recesión, la estrategia política dominante consistía en permitir que el sector financiero se desarrollara sin control al tiempo que se redistribuían algunas de las ganancias para mantener la paz social. Este acuerdo social *low-cost* ha ido rompiéndose en pedazos. Como la economía se ha estancado, el conflicto distributivo se ha intensificado. Los ricos hacen todo lo posible por

8. Dean Baker (2017): *Rigged: How Globalization and the Rules of the Modern Economy Were Structured to Make the Rich Richer*, Center for Economic and Policy Research, Washington, D.C.

asegurarse su tajada antes que nadie. En el mejor de los casos, a la mayoría de la población le cabe esperar alguna forma de "economía de goteo", la versión moderna de la idea de que el siervo debe contentarse con las sobras de la mesa del señor.

Como lo describe Warren Buffett, "hay una guerra de clases, de acuerdo, pero es mi clase, la de los ricos, la que está haciendo esa guerra y la que va ganando". La desigualdad se ha elevado hasta niveles nunca vistos desde la "edad chapada en oro", pues los ricos se están haciendo más ricos. Según un reciente informe de Oxfam, los ocho hombres más adinerados poseen la misma riqueza que la mitad más pobre de la población mundial[9]. El 91% de los ingresos obtenidos durante los tres primeros años de recuperación en Estados Unidos fueron acumulados por el 1% más privilegiado[10]. A raíz de la crisis, los responsables políticos optaron por un conjunto de medidas que salvaguardaba los ingresos y los activos de los ricos al tiempo que cargaban el peso de la recuperación económica sobre las espaldas de las estratos más pobres y marginales. Mientras que se rescataba al sector financiero, las políticas de austeridad condujeron a un deterioro de los servicios públicos y al debilitamiento de los mercados laborales. Mientras los banqueros continuaban recibiendo grandes primas, el uso de los bancos de alimentos se disparó.

Thomas Piketty ha demostrado que la riqueza tiende a concentrarse en manos de aquellos que ya tienen activos considerables cuando las tasas de crecimiento son inferiores a las tasas del rendimiento del capital. El aumento de la desigualdad es otra forma de describir la redistribución

9. "Just 8 Men Own Same Wealth as Half the World", Oxfam International", en https://www.oxfam.org/en/pressroom/pressreleases/2017-01-16/just-8-men-own-same-wealth-half-world (consultado el 26 de febrero de 2017).
10. Emmanuel Saez (2015): "Striking It Richer: The Evolution of Top Incomes in the United States", UC Berkeley, 25 de enero.

hacia arriba de la riqueza, que hace crecer el poder de los monopolios y de los oligarcas. Se ha puesto en marcha un círculo vicioso en el que el crecimiento lento conduce a una mayor desigualdad y en el que una mayor desigualdad conduce a un crecimiento más lento. Esta situación socava la confianza en la idea de que las sociedades ricas son lugares justos donde cualquiera puede triunfar. La desigualdad se ha vuelto más flagrante y por lo tanto más ofensiva. Hemos llegado a una situación tan límite que incluso el FMI, bestia negra del movimiento antiglobalización, está planteando quejas.

El crecimiento ayuda a mantener las apariencias; en su ausencia, las ilusiones de la sociedad se disipan. Las reivindicaciones de la meritocracia se muestran más como una estrategia de autojustificación de las elites que como una realidad tangible. Una serie de privilegios refuerza las ventajas de los ricos —conocidos eufemísticamente como la clase media-alta[11]— desde el momento en que nacen. Disfrutan de una mejor nutrición, de mejores cuidados y de mejores escuelas; podrán permitirse los costosos estudios de un máster, los programas de intercambio, las prácticas no remuneradas y los viajes al extranjero, tan necesarios para poner un pie en las redes más elitistas; tendrán dientes más rectos y más blancos, y más tiempo libre, lo que les permitirá estar en mejor forma; comerán más sano, fumarán menos y tendrán una mayor esperanza de vida.

Los ricos pueden permitirse el lujo de desarrollar el arte de la *sprezzatura*, haciendo que todo parezca despreocupado y cómodo. Es mucho más fácil evitar el estrés cuando se puede hacer que los problemas desaparezcan gracias al dinero, y cuando el trabajo doméstico y los cuidados se externalizan en una clase baja inmigrante. Los que hayan nacido ricos crecerán familiarizados con

11. En Estados Unidos, aproximadamente el 20% que va por detrás del 1% más rico.

los sutiles códigos sociales que determinan la categoría y la distinción, y se casarán con mayor frecuencia con personas de su misma clase, consolidando y perpetuando aún más sus ventajas. Existe un fuerte vínculo entre los ingresos de una persona a los 30 años y los ingresos de sus padres[12]. Cuando llegue el momento, heredarán más de lo que la media podrá ganar en toda su vida laboral, y se concentrarán en los barrios más exclusivos. El mundo de los alfas del que hablaba Huxley en *Un mundo feliz* no parece tan lejano.

Las historias de quienes, tras un inicio humilde, iban ascendiendo hasta llegar a los puestos directivos reforzaron hace tiempo la ficción de la movilidad social, pero hoy en día suenan a cuento chino. El acceso a la elite está muy restringido, con padres compitiendo para conseguir que sus hijos entren en los colegios apropiados, de los que luego se nutren los institutos y universidades de prestigio, desde las cuales podrán engancharse a un codiciado trabajo de verano en una gran compañía financiera. En 2016, un graduado de Oxford demandó a su antigua universidad por un millón de libras porque no le habían concedido la máxima calificación. Alegó que debido a esto había perdido la posibilidad de tener una exitosa carrera como abogado mercantil internacional. Al parecer, ya ni siguiera sirve un notable en Oxford para triunfar.

La mejor manera de sostener una economía injusta, en la que las posibilidades de la mayoría están limitadas desde el principio, es alentar a todo el mundo a convertirse en emprendedor o a desarrollar su propia marca personal[13]. Esta es la otra cara del hecho de que ya no haya suficientes

12. Ben Casselman y Andrew Flowers (2016): "Rich Kids Stay Rich, Poor Kids Stay Poor", *FiveThirtyEight*, 1 de febrero, en http://fivethirtyeight.com/features/rich-kids-stay-rich-poor-kids-stay-poor/

13. Tyra Banks, que comenzó como modelo y ahora es una mujer de negocios muy exitosa, impartió una clase en la Escuela de Negocios de Stanford sobre cómo desarrollar marcas personales. Oliver Staley: "Tyra Banks Is Only the Latest Celebrity Professor", *Quartz*, en http://qz.com/763440/tyra-banks-is-only-the-latest-celebrity-professor/ (consultado el 31 de agosto de 2016).

trabajos decentes; la falta de oportunidades (no ya para prosperar, sino incluso para ir tirando) se plantea como un fracaso individual más que como un problema estructural. Se le suplica a la gente que desarrolle continuamente su propio capital humano, que invierta en él y que consienta ser tratada como una mercancía que se compra y se vende; de ahí la proliferación de la cirugía plástica y los tatuajes. Sin embargo, es poco probable que los niños pobres lleguen a ser inventores o emprendedores, ya que tienen menos oportunidades. Como se suele decir, se necesita dinero para hacer dinero. Es mucho más fácil iniciar un negocio si tienes dinero extra en el bolsillo.

Donald Trump, el viejo patriarca, es un brillante ejemplo de cómo opera la reproducción de la riqueza. Se presenta a sí mismo como brillante emprendedor y hombre de negocios, estrella de televisión y *showman* del Partido Republicano. Posee, literalmente, cientos de negocios en todo el mundo, que van desde inmobiliarias a casinos y campos de golf. Su imperio se extiende por líneas de negocio estrafalarias, como Trump Steaks, Trump Vodka y el Tour de Trump. Heredó una gran cantidad de dinero de su padre y tenía unos 200 millones de dólares ya en el año 1982. Si hubiera invertido su dinero en un fondo conservador (ligado al índice S&P) en lugar de dedicarse a sus empresas megalómanas, ahora tendría 8.000 millones de dólares. Dos estudios recientes trataron de valorar su patrimonio neto y, como resultado, estimaron dicha cantidad en 2.900 millones el primero y en 4.100 millones el segundo[14]. No sabemos cuánto tiene en realidad, ya que no publica su declaración de la renta, pero es literalmente capaz de renunciar a miles de millones de dólares y seguir viéndose a sí mismo como un hombre de negocios excepcional.

14. "The 1 Easy Way Donald Trump Could Have Been Even Richer: Doing Nothing", *National Journal*, en https://www.nationaljournal.com/s/54699/1-easy-way-donald-trump-could-have-been-even-richer-doing-nothing

ESTANCAMIENTO, MIEDO Y REVUELTA POLÍTICA

El estancamiento económico y la desigualdad creciente constituyen un peligroso cóctel político que acaba amenazando el funcionamiento de la democracia liberal. Todas las sociedades tienen un nivel de distribución tan desigual que acabará provocando revueltas. El marqués de Condorcet fue entregado a la Revolución para ser guillotinado cuando, estando al parecer de incógnito, pidió una tortilla de doce huevos. Algunas desigualdades son insoportables. John Steinbeck describió esta relación entre la desigualdad y las revueltas en *Las uvas de la ira*, su crónica del desposeimiento de tierras durante la Gran Depresión: "Cuando la mayoría de la gente tiene hambre y frío, tomará por la fuerza lo que necesita".

Los ricos están preocupados. Incluso aquellos que ganan cientos de miles, si no millones, se quejan de no poder llegar a fin de mes y se consideran de clase media. Están tan desconectados de la realidad que no entienden cómo los pobres pueden sobrevivir. Los superricos han empezado a construir elaborados refugios para preparase para el apocalipsis del colapso social. Por si acaso, pagan por la ciudadanía en lo que perciben como el refugio seguro de Nueva Zelanda —evidentemente no prestaron atención al final del *Señor de los anillos*, que mostraba que ni siquiera los hobbits de la Comarca se salvaron de los efectos de la convulsión global—. Un 40% de los estadounidenses piensa que es mejor prepararse para lo peor acumulando suministros y construyendo refugios antiaéreos que invertir en un plan pensiones, lo cual es un buen indicativo del contexto de miedo y ansiedad generalizada[15].

15. Evan Osnos (2017): "Survival of the Richest", *The New Yorker*, 23 de enero, en https://www.newyorker.com/magazine/2017/01/30/doomsday-prep-for-the-super-rich

Una ciudad global como São Paulo muestra lo que puede suceder cuando los ricos se encuentran en un estado de pánico constante: se retiran a sus recintos protegidos, contratan ejércitos de seguridad privada y viajan en limusinas blindadas o, si pueden permitírselo, en helicópteros. Utilizan la amenaza de la violencia para mantener la distancia entre ellos y el resto de la población. Financian partidos políticos, sobornan a legisladores y patrocinan golpes de Estado.

Sin crecimiento, los capitalistas vienen a parecerse a uno de esos órganos vestigiales que se tienen que extraer cuando se infectan. La mayoría de los demócratas en Estados Unidos considera ahora que el socialismo "tiene un impacto positivo en la sociedad"[16]. Esto contradice la ideología oficial, pero es la respuesta lógica a un sistema económico que no funciona. La desigualdad erosiona la empatía que nos recuerda que estamos todos en el mismo barco y convierte en una broma el sueño americano y sus equivalentes. La polarización de los beneficios socava la legitimidad del capitalismo y, junto al estancamiento económico, hace caer la segunda pieza del dominó: la descomposición de la clase media.

LA DESCOMPOSICIÓN DE LA CLASE MEDIA

Al intentar describir la pornografía explícita, el juez de la Corte Suprema de Estados Unidos, Potter Stewart, dijo: "La reconozco cuando la veo". Lo mismo podría decirse de un concepto tan discutido como es el de la clase media. En su forma más literal, "clase media" hace referencia a quienes se encuentran en la mitad de la distribución de la

16. Gabriel Debenedetti (2016): "Poll: Majority of Democrats Say Socialism Has 'Positive Impact'", *Politico*, en http://www.politico.com/story/2016/02/democrats-poll-socialism-219600

renta nacional. Esta distinción no es particularmente útil aunque, de acuerdo con esta medida, la clase media se está contrayendo en las democracias europeas[17] y, por primera vez, no es mayoritaria en Estados Unidos[18]. Un grupo de trabajo reunido por el entonces presidente Obama proporcionó una definición alternativa, afirmando que las familias de clase media "se definen más por sus aspiraciones que por sus ingresos"[19].

Para Estados Unidos, esas aspiraciones son una vivienda en propiedad, un coche, educación universitaria para los hijos, un buen seguro médico y de jubilación y vacaciones familiares. Esto evoca la imagen del estereotipado barrio residencial de la era de Eisenhower, lleno de cocinas modernas impecables, pulcros jardines de césped, amas de casa frustradas, vallados de lamas blancas y vecinos homogéneos; lugares donde, a pesar de que todos son superficialmente amistosos, el conformismo social se impone implacablemente. Su mito fundacional era que, a través del trabajo duro y del respeto a las normas, el camino hacia el éxito estaba abierto para todos (aquellos que fueran blancos). Suponía un imaginario seductor, o incluso hegemónico, para el resto de los países ricos, pero esta idea de movilidad social combinada con prosperidad generalizada está obsoleta. Una vez más, ha sido el FMI quien ha dado la voz de alarma sobre la crisis de la clase media.

---

17. Branko Milanović (2016): *Global Inequality: A New Approach for the Age of Globalization*, Cambridge, Massachusetts, The Belknap Press of Harvard University Press.
18. "The American Middle Class Is Losing Ground", *Pew Research Center's Social & Demographic Trends Project*, 9 de diciembre de 2015, en http://www.pewsocialtrends.org/2015/12/09/the-american-middle-class-is-losing-ground/
19. "Our Annual Report and Growing Support for Our Middle Class Agenda", *Whitehouse.gov*, 26 de febrero de 2010, en https://www.whitehouse.gov/blog/2010/02/26/our-annual-report-and-growing-support-our-middle-class-agenda

El Primer Mundo se ha vuelto pesimista y ha comenzado a perder la fe en el futuro. La mayoría de los estadounidenses cree que las nuevas generaciones vivirán peor que sus padres[20], mientras que solo una minoría de los jóvenes piensa que el sueño americano sigue vivo[21]. Este panorama sombrío no difiere mucho del de la mayor parte de Europa occidental. En 1989, el 94% de los jóvenes de Alemania del Este decían ser optimistas sobre el futuro[22]; al inicio del nuevo milenio, esta cifra se había reducido a solo el 15%. Esto muestra que la euforia asociada con la caída del Muro de Berlín ha ido dando paso al malestar. El capitalismo que realmente existe ha resultado ser insuficiente.

La combinación de estancamiento económico y desigualdad creciente hace que la clase media se disipe. La polarización tiende a construir una economía dual[23] caracterizada por dos grupos: uno próspero, formado por gente que generalmente tiene estudios universitarios y se concentra en las ciudades, y otro que abarca a todos los demás. Esta situación aniquila la movilidad social. Como los ricos se apropian de buena parte de un pastel que ha dejado de crecer, hay menos para los demás, lo cual hace más difícil que disfruten de una vida acomodada. Todos los elementos clave que hacían posible la generalización de los buenos niveles de vida —la abundancia de buenos trabajos, un Estado de bienestar fuerte y el acceso a una vivienda

---

20. Elizabeth Mendes, "In U.S., Optimism About Future for Youth Reaches All-Time Low", *Gallup.com*, en http://www.gallup.com/poll/147350/Optimism-Future-Youth-Reaches-Time-Low.aspx (consultado el 8 de julio de 2016).
21. "Survey of Young Americans' Attitudes toward Politics and Public Service", en http://iop.harvard.edu/sites/default/files_new/pictures/151208_Harvard_IOP_Fall_2015_Topline.pdf (consultado el 11 de julio de 2016).
22. Benjamin M. Friedman (2005): *The Moral Consequences of Economic Growth*, Nueva York, Knopf.
23. Esta descripción se aplicó originalmente a los países en vías de desarrollo. Peter Temin (2017): *The Vanishing Middle Class: Prejudice and Power in a Dual Economy*, Cambridge, Massachusetts, The MIT Press.

asequible— están en retirada. De repente, nos encontramos con que una amplia parte del electorado está invadida por el temor y la ansiedad por preservar lo que tiene.

EL ESTADO DE BIENESTAR OBJETO DE ATAQUE

En gran parte de Europa, la seguridad social proporcionada por el Estado de bienestar es lo que ha hecho posible que grandes segmentos de la clase trabajadora disfruten, o al menos aspiren a disfrutar, de un nivel de vida de clase media. El ataque al Estado de bienestar es en realidad un ataque a los estándares de vida universales, un ataque a las redes de protección de los individuos. La idea generalizada es que, en un contexto moderno de globalización, financiarización, automatización, etc., el Estado de bienestar se ha quedado obsoleto. Por lo tanto, para competir, hay que abolir las protecciones sociales generosas y reducir el tamaño del Estado. Esto supone una equivocación total y una estafa ideológica.

Los enemigos del Estado de bienestar presentan como inevitable un proceso que es históricamente contingente. No es cierto que ya no sea viable ni que la redistribución deba ser restringida. Lo que es cierto es que el Estado de bienestar está bajo asedio. Sus adversarios siguen un guion por el cual empiezan recortando los servicios públicos y, más tarde, debido a que su calidad se ha deteriorado por falta de financiación, los venden a intereses privados. La crisis económica les proporciona otra excusa más para hacer retroceder al Estado. La austeridad es un eufemismo que se traduce en peores escuelas, listas de espera más largas en los hospitales, universidades más caras y pensiones más bajas. El resultado de esta filosofía es que la inversión pública se ha ido reduciendo durante cuarenta años, hasta llegar en la actualidad a mínimos históricos en todo el mundo rico. La erosión de la protección colectiva hace que la existencia sea mucho más precaria para el conjunto de la población.

LA CRISIS DE LA VIVIENDA A CÁMARA LENTA

En todas partes, la vivienda asequible es el complemento olvidado del Estado de bienestar. En Norteamérica, la vivienda en propiedad es una idea central para el imaginario de la clase media; una vez se ha pagado la entrada para una casa, se puede empezar a ahorrar y a acumular riqueza. En Reino Unido, cuando Margaret Thatcher instituyó el derecho a comprar la vivienda pública, de forma que la vivienda pasó de ser un lugar donde vivir a ser una inversión, lo hizo siendo plenamente consciente de que esto cambiaría la identidad de las personas y su comportamiento. Lo que caracterizó la reciente crisis financiera fue una serie de burbujas inmobiliarias, como ha sucedido, por ejemplo, en Estados Unidos, Irlanda o España. Que se haya desahuciado a aquellas familias que han perdido sus trabajos y no pueden seguir pagando sus hipotecas nos sirve a todos como recordatorio de hasta qué punto pueden torcerse las cosas.

La crisis no sirvió para romper el vínculo entre la vivienda y el sector financiero; de hecho, sirvió más bien para intensificarlo. En un contexto de crecimiento débil y tipos de interés bajos, los inversores asustadizos están a la búsqueda de lugares seguros en los que depositar su dinero. Para los especuladores, el sector inmobiliario es un lugar especialmente atractivo en el que colocar sus activos. Se congregan en los centros urbanos dinámicos y contribuyen a que se produzcan subidas de precio que expulsan a las personas del mercado, intensificando así la desigualdad y dejando vacíos una enorme cantidad de pisos.

The Guardian se hizo eco de un informe[24] que sugería que el 85% de los inmuebles de lujo del centro de Londres habían sido adquiridos por compradores internacionales; mientras tanto, los políticos eran relegados a desempeñar el papel de "ujieres y mayordomos" de los superricos.

Al tiempo que los propietarios se van haciendo más ricos y poderosos, se va desarrollando a cámara lenta una crisis de vivienda. El alquiler es caro, comprar una casa lo es aún más y la vivienda social se ha recortado hasta el límite. Los precios aumentan más rápido que los salarios, lo que significa que cada vez más y más personas están sobrecargadas por el alquiler. La afluencia de profesionales ricos y cualificados desplaza a los residentes más pobres y menos cualificados fuera de los centros de la ciudad. Al igual que en China tienen pasaportes para limitar el acceso a la ciudad, en el Primer Mundo esa función la desempeñan los mecanismos del mercado.

Cuando se urbaniza o se construye vivienda nueva suele implicar el desplazamiento (a menudo forzoso) de quienes habitaban la zona antes. La subida brusca de los precios está vinculada a un aumento masivo de la deuda hipotecaria y la vida se vuelve prohibitiva para los trabajadores. La crisis de la accesibilidad se da en toda Europa: de Ámsterdam a Zagreb, los residentes de las ciudades están preocupados por los costes de la vivienda. Un ejemplo tonto pero ilustrativo es el caso de un trabajador británico que en 2015 calculó que le saldría más barato vivir en Barcelona y viajar a Londres en vuelos *low-cost* que vivir en la ciudad londinense[25]. Por supuesto, eso fue antes de

24. David Batty (2016): "'Ushers and Butlers'... How Fawning Politicians Welcomed World's Rich", *The Guardian*, 23 de enero, en https://www.theguardian.com/uk-news/2016/jan/23/london-fawning-politicians-welcome-rich?CMP=fb_gu

25. Por supuesto, no importaba el impacto sobre el clima.

que el coste de la vivienda también comenzara a subir vertiginosamente en Barcelona.

Las personas están cada vez más atrapadas entre viviendas baratas donde no hay trabajo o viviendas inasequibles en los centros urbanos dinámicos. Esto es especialmente problemático para la gente joven, pues el coste de la vivienda supone una sobrecarga para más para dos de cada cinco jóvenes europeos. Suelen quedarse fuera en lo que se refiere a vivienda asequible. Esto retrasa su emancipación, por lo que lo más común para los menores de 35 años, tanto en Europa como en Estados Unidos, es vivir con sus padres[26]. La trayectoria vital de alguien que abandona la casa familiar con unos 20 años será muy diferente a la de quien lo haga 15 años más tarde; como es obvio, no es lo mismo llevar a casa a alguien después de una noche loca si vives por tu cuenta que si tus padres están justo al final del pasillo.

La crisis de acceso a la vivienda es también una crisis de la reproducción de la clase media. La propiedad separa y define cada vez más a unas clases sociales de otras; y lo hace de forma que adquiere un elemento generacional. El hecho de que el aumento de los precios desplace a una generación de jóvenes cada vez más lejos de los centros urbanos es un indicador de que la situación será aún más desigual en el futuro. Para los hijos de padres ricos que tienen un gran patrimonio inmobiliario será mucho más fácil regresar a los centros urbanos que para los hijos de padres que carezcan de este. La crisis de la vivienda frustra las aspiraciones de los jóvenes al tiempo que recuerda a

---

26. Richard Fry (2016): "For First Time in Modern Era, Living With Parents Edges Out Other Living Arrangements for 18- to 34-Year-Olds", *Pew Research Center's Social & Demographic Trends Project*, 24 de mayo, en http://www.pewsocialtrends.org/2016/05/24/for-first-time-in-modern-era-living-with-parents-edges-out-other-living-arrangements-for-18-to-34-year-olds; "The State of Housing in the EU 2015", *Housing Europe*, en http://www.housingeurope.eu/resource-468/the-state-of-housing-in-the-eu-2015 (consultado el 5 de julio de 2016).

sus padres que el sistema no está funcionando como debería. Sin embargo, la medida obvia para compensar unos costes de vivienda que se han disparado —es decir, salarios más altos— no parece estar todavía sobre la mesa.

EL DECLIVE DE LAS PROFESIONES LIBERALES

Hace algunos años fui testigo de una escena deprimente en Barcelona: vi cómo a una universitaria recién licenciada le felicitaban sus amigos por haber conseguido un puesto de trabajo muy solicitado en Starbucks. La tasa de paro de los graduados españoles con veintimuchos es aproximadamente la misma que hay entre los españoles que tienen más de 50 y solo educación primaria. En España, en un periodo de cuarenta años, el número de universitarios creció diez veces más. La buena noticia es que la universidad ya no está reservada para una elite privilegiada. La mala es que, además de que ir a la universidad es cada vez es más necesario para lograrlo, ya no es suficiente para disfrutar de una vida de clase media. Si se compara con los demás países ricos, España puede parecer por ahora un caso extremo, pero es sintomático de un mundo donde los buenos puestos de trabajo son mucho más difíciles de conseguir y donde más formación ya no implica una solución automática.

Poco a poco los trabajos de cuello blanco que supuestamente debían ser la garantía de una clase media estable (para quienes han ido a la universidad) lo han dejado de ser, y tiene que ver con un exceso de titulados cualificados. Algunos sectores se están saturando, otros están mal pagados y en otros suceden ambas cosas. En Reino Unido, los médicos residentes se declararon en huelga —y empezaron a emigrar— por lo malas que eran las condiciones en el Servicio Nacional de Salud. Allí, los médicos en formación ganan casi un 20% menos que el salario medio nacional, lo cual es un ejemplo más de cómo los servicios públicos están siendo atacados en casi todos los países ricos del mundo[27]. En el ámbito legal, han sido doce las acciones colectivas presentadas contra escuelas de Derecho en Estados Unidos por parte de graduados incapaces de encontrar trabajo —algún optimista diría que al menos así han podido darle algún uso a su formación—. Incluso en los sectores de la informática y la ingeniería, el número de personas graduadas superó en un 50% el número de personas que encontraban puestos de trabajo en dichos campos[28]. Tampoco la tecnología va a salvarnos de esta.

En el ámbito de los trabajos de cuello blanco, los puestos de por vida —incluso en Japón— están desapareciendo. Otro ejemplo se da en el mundo académico, para detrimento de la libertad académica. Lo que en su día eran plazas permanentes ahora se cubren con docentes asociados con contratos temporales que están muy mal pagados, y en muchos casos se les prohíbe expresamente que participen en sindicatos para mejorar sus condiciones. Ahora la realidad para muchos académicos consiste en una serie de contratos de duración limitada. Después de años acumulando deudas, aquellos amigos míos que han conseguido una plaza como profesor titular pueden ya respirar más tranquilos; los que no, siguen en condiciones precarias y pasando dificultades para llegar a fin de mes.

Una carrera laboral estable, igual que el tigre siberiano o el oso panda, es como una majestuosa criatura en peligro de extinción. La expectativa de permanencia en un trabajo es de menos de tres años para el 91% de los

---

27. Asa Bennett (2016): "Junior Doctors Strike: Why Are They Taking Action and How Will It Affect You?", *The Telegraph*, 12, p. 37, en http://www.telegraph.co.uk/news/2016/03/16/how-much-are-junior-doctors-paid-and-why-are-they-threatening-to/
28. Martin Ford (2015): *Rise of the Robots: Technology and the Threat of a Jobless Future*, Nueva York, Basic Books.

millennials, lo cual implica que pasarán por entre quince y veinte trabajos al largo de una vida laboral[29]. Tres cuartas partes de los graduados franceses señalaron que preferían trabajar en el sector público debido a las fuertes protecciones sociales que acompañan estos puestos[30]. Para la mayoría de los graduados universitarios, un puesto de trabajo permanente es una fantasía remota. El intento de asegurarse la protección gracias a unas altas credenciales es una estrategia perdedora, incompatible con un mundo donde las oportunidades educativas están cada vez más universalizadas. Por su parte, el proteccionismo —contra el comercio, contra los robots, contra aquellos sin credenciales— es una respuesta anticuada para un contexto económico flexible y abierto.

EL DESASTRE POSTINDUSTRIAL

Para aquellos que carecen de estudios universitarios, la situación es aún más calamitosa. Un increíble 99% de los puestos de trabajo creados en Estados Unidos después de la recesión fueron para quienes tenían algún tipo de estudios más allá de la secundaria[31]. Las ruinas tambaleantes de Detroit son el claro reflejo de una forma de vida que languidece, el recuerdo de una época en que la clase obrera podía alcanzar los niveles de bienestar propios de la clase media. En aquellos tiempos, un operario del sector

29. Jeanne Meister: "Job Hopping Is the 'New Normal' for Millennials: Three Ways to Prevent a Human Resource Nightmare", *Forbes*, en http://www.forbes.com/sites/jeannemeister/2012/08/14/job-hopping-is-the-new-normal-for-millennials-three-ways-to-prevent-a-human-resource-nightmare/ (consultado el 5 de julio de 2016).
30. "French Students Shy of Real World", *BBC*, 14 de marzo de 2008, en http://news.bbc.co.uk/1/hi/world/europe/7293992.stm
31. Amy X. Wang: "Why Everyone Is so Mad: 99% of Post-Recession Jobs Went to Those Who Went to College", *Quartz*, en http://qz.com/721854/why-everyone-is-so-mad-99-of-post-recession-jobs-went-to-those-who-went-to-college/ (consultado el 4 de julio de 2016).

automovilístico podía permitirse vivir en el mismo barrio que un contable. En cambio, durante los últimos años, Detroit se ha ido convirtiendo en el escenario predilecto de *Robocop*. En las ciudades más afortunadas, las antiguas fábricas se han reconvertido en lujosos apartamentos tipo *loft*, erigiéndose así como monumentos del declive de la industria; en otros, simplemente se han sumido en la decadencia. La realidad social descrita por Bruce Springsteen y los equivalentes extranjeros del rock amargo se desvanece dejando paso al desapacible reino de Eminem.

El empleo industrial ha caído en todos los países del mundo rico, a pesar de que su producción haya subido. La globalización ha sido un chivo expiatorio oportuno, pero solo sirve para explicar una parte de la historia. La fuente más peligrosa de mano de obra barata no son los extranjeros o los inmigrantes, sino las máquinas. Hacen falta menos manos para realizar la misma cantidad de trabajo; así, en la principal planta de acero de Austria, catorce trabajadores son suficientes para poder producir 500.000 toneladas al año.

Estados Unidos ha pasado de tener a uno de cada cuatro empleados trabajando en la industria manufacturera a tener a uno de cada diez; el sector ha perdido más de siete millones de trabajos desde que alcanzó su punto álgido[32]. Muchos de ellos eran puestos bien remunerados y sindicalizados que permitían a los obreros sin estudios universitarios disfrutar de niveles de prosperidad sin precedentes. Esto mismo sucede cuando el servicio postal o los bancos minoristas reducen su tamaño; los buenos puestos de trabajo desaparecen sin que nada comparable venga a sustituirlos.

32. Terrence P. Jeffrey (2015): "7.231.000 Lost Jobs: Manufacturing Employment Down 37% From 1979 Peak", *CNS News*, 12 de mayo, en http://cnsnews.com/news/article/terence-p-jeffrey/7231000-lost-jobs-manufacturing-employment-down-37-1979-peak

Estas tendencias van de la mano del declive de los sindicatos. Dentro de la OCDE, la densidad sindical (el porcentaje de empleados que pertenecen a un sindicato) desde los años setenta ha caído de un tercio a un sexto. El declive sindical no es un proceso inevitable, sino más bien el resultado de luchas políticas concretas. En las últimas décadas, todos los gobiernos de derechas inteligentes y todos los gobiernos de izquierdas tontos han seguido una estrategia para debilitar los sindicatos. Ronald Reagan decidió pelarse con los controladores del tráfico aéreo, mientras que Margaret Thatcher aplastó a los mineros del carbón. Lograron en democracia lo que Pinochet había logrado a punta de pistola. El debilitamiento de los sindicatos era la condición previa para la salvaguarda de los beneficios de los ricos. Para reforzar esta estrategia, recurrieron también a la demonización, tratando de hacer ver que todos los sindicalistas eran igual de corruptos que el camionero Jimmy Hoffa. Esto hace que sea más fácil olvidar o pasar por alto que fueron los sindicatos quienes estuvieron en la vanguardia de casi todas las luchas sociales del siglo pasado.

La situación no parece esperanzadora. Los buenos trabajos y las organizaciones que luchan por ellos han ido disminuyendo a la par. En la clásica fábrica capitalista, los trabajadores podían ir a la huelga y parar la producción; pero, cuando hablamos de la fábrica automatizada, ni siquiera hay trabajadores (solo unos gerentes) que puedan ir a la huelga. La fragmentación del sector servicios (y especialmente de la economía colaborativa) hace aún más difícil que los trabajadores se organicen en sindicatos. Un conductor de Uber o un trabajador de la *gig economy* (aquella basada en contratos puntuales) tienen muy poco poder de presión. De hecho, estas plataformas fueron diseñadas desde un principio para ponérselo fácil a los esquiroles. La disminución del poder y la debilidad estructural de los trabajadores hacen más difícil que se puedan garantizar unos niveles de vida decentes.

ANSIEDAD E INESTABILIDAD POLÍTICA

Si reunimos todos estos elementos —la disminución del Estado de bienestar, el aumento de los costes de la vivienda y la desaparición de los buenos trabajos—, no ha de extrañarnos que haya tanta gente estresada. La alternativa a un nivel de vida de clase media —que cada vez es más difícil de lograr— es una situación de precariedad. Cuanto mayor es el número de personas en paro o con empleos precarios, más poder de presión tienen los empleadores sobre todos los demás, lo cual les facilita mantener los salarios bajo control. Pueden también exigir que se trabajen más horas y esperar que los trabajadores respondan a todas horas a sus mensajes aun cuando no estén físicamente en sus puestos.

La diferencia entre cómo funcionan realmente las cosas y la imagen que se tiene de ellas es enorme, tanto que recuerda a lo que sucedía en la Unión Soviética antes de su colapso. En este sentido, las redes sociales son un factor que intensifica el problema, ya que fomentan que todo el mundo se muestre a sí mismo disfrutando de una vida plena, despreocupada y repleta de lujos y placeres materiales. Nos bombardean constantemente con imágenes de consumo de lujo. Estas representaciones, que no son realistas, están diseñadas para avergonzar a la gente, para que se sienta una fracasada si no logra alcanzarlas. La culpa se interioriza en lugar de dirigirse hacia el exterior en forma de reivindicación de transformación social. Quien se encuentra en una situación de aislamiento social no suele reconocerlo. Y casi nadie discute la gran mentira de que los individuos son los únicos responsables de sus propias circunstancias.

La ansiedad es la respuesta a un sistema que está muy lejos de alcanzar lo que sus defensores reivindican. El consumo del alcohol y la prescripción de opiáceos se han disparado. Los síntomas se medican, pero las causas subyacentes se quedan sin resolver. La mayoría de la gente nunca será rica, pero al menos pueden jugar a la lotería y dar rienda suelta a sus fantasías, o pueden vivir la vida de otro siguiendo a los ricos y famosos en los *realities* de la tele. Mientras que antes los jóvenes se lanzaban al mar en busca de fortuna y aventura, ahora se recluyen en el sótano de la casa de sus padres para jugar a videojuegos (siendo los *hikikomori* japoneses la expresión más extrema de este fenómeno). Sin embargo, las vías de escape, incluso cogiéndolas todas juntas, solo pueden servir como una distracción temporal.

Los electorados castigan a los gobiernos, independientemente de su color político, por su mal desempeño en el aspecto económico. Igual que la subida de la marea eleva los barcos, el estancamiento económico conduce al incremento del malestar. En un contexto de ausencia de movilizad social, cada vez menos personas pobres pueden verse a sí mismas como "millonarios temporalmente avergonzados". El aumento constante de la concentración de riqueza hace que el capitalismo sea mucho menos atractivo. En las secuelas de la crisis, el 42% de los *millennials* estadounidenses considera que el socialismo es un sistema superior al capitalismo, que es hoy rechaza la mayoría de ellos[33]. En un extraño cambio de roles, los jóvenes estadounidenses muestran su preferencia por el socialismo, mientras que los jóvenes rusos se decantan por el capitalismo.

La seguridad económica es la base de la clase media. A su vez, unos ciudadanos satisfechos apoyan las instituciones democráticas y sostienen la economía a través de

33. Derek Thompson (2014): "Millennials' Political Views Don't Make Any Sense", *The Atlantic*, 15 de julio, en http://www.theatlantic.com/politics/archive/2014/07/millennials-economics-voting-clueless-kids-these-days/374427/; Max Ehrenfreund: "A Majority of Millennials Now Reject Capitalism, Poll Shows", *Washington Post*, en https://www.washingtonpost.com/news/wonk/wp/2016/04/26/a-majority-of-millennials-now-reject-capitalism-poll-shows/ (consultado el 4 de julio de 2016).

su demanda de consumo. En cambio, una clase media inquieta, cada vez más reducida, que se aferra a sus hogares, sus ahorros y sus pensiones, genera inestabilidad política. La gente teme perder lo que tiene más de lo que valora la posibilidad de ganar más. Cada dosis de frustración que se añade al cóctel dificulta aún más que la política democrática esté a la altura de las circunstancias y no sea saboteada por charlatanes, demagogos y aspirantes a caudillo.

La historia nos advierte que los propietarios, temerosos de la redistribución y la apropiación, se escoran hacia la derecha radical cuando tienen que defender sus privilegios. La derecha radical se beneficia de las secuelas de las crisis financieras y de los periodos de crecimiento lento, ya que el estancamiento limita la solidaridad y hace que las sociedades sean más intolerantes. La normalización de la inseguridad económica generalizada ha llegado al punto de poner en riesgo incluso la clase media, el fundamento del orden político; y una clase media en decadencia constituye un electorado muy peligroso. La descomposición de la clase media —la explosión de la precariedad—nos lleva entonces a la tercera pieza del dominó: la erosión de la democracia liberal.

LA CORRUPCIÓN DE LA DEMOCRACIA

Hay una brecha que separa el ideal de la democracia de sus mecanismos concretos. La democracia no opera según se enseña en las clases de educación cívica (suponiendo que se impartan esas clases). En realidad, nunca lo hizo. No tenemos una ciudadanía ilustrada que delibere racionalmente sobre cuáles son las políticas públicas más óptimas. No todos nuestros representantes son unos servidores públicos desinteresados que legislan según el bien común. Durante los años de George W. Bush, *El ala oeste de la Casa*

Blanca, serie en la que Martin Sheen desempeñaba el papel de presidente benevolente con un Premio Nobel de Economía, sirvió de consuelo evasivo. La gente anhela una política que sea mejor que la mezcla de las intrigas de *House of Cards*, con la ineptitud mostrada en *Veep*. La realidad, sin embargo, se entromete para disipar las ilusiones sobre cómo las cosas funcionan realmente.

Recientemente, *The Economist* degradó a Estados Unidos al rango de democracia defectuosa. El país, con su multimillonario presidente, representa un caso extremo de cómo el dinero distorsiona la política democrática o, como dijo una vez George W. Bush bromeando ante una sala llena de donantes adinerados: "Algunas personas os llaman la elite, yo os llamo mi base". La financiación de las campañas consiste básicamente en el intercambio legal de dinero por favores. Los ricos y las corporaciones pueden canalizar tanto dinero como quieran en el proceso político para promover candidatos que defiendan sus intereses y protejan sus privilegios. Como hicieron los hermanos Koch, pueden convertir la filantropía en un arma.

Los grandes propietarios presionan para que se limite la construcción de nuevos edificios, manteniendo así los precios elevados; los magnates del petróleo defienden su derecho a explotar las reservas naturales protegidas y a contaminar el medioambiente, y la industria farmacéutica gasta cantidades enormes para asegurarse de que sus intereses serán protegidos en los acuerdos comerciales internacionales. La desigualdad y la corrupción política refuerzan la plutocracia. Mientras tanto, el ciudadano estadounidense medio apenas tiene influencia alguna sobre la política[34].

No es solo que la política esté cada vez más influida por una elite adinerada, sino que a veces es directamente

34. Martin Gilens y Benjamin I. Page (2014): "Testing Theories of American Politics: Elites, Interest Groups, and Average Citizens", *Perspectives on Politics*, 12, 3 de septiembre, pp. 564-581, doi: 10.1017/S1537592714001595.

esta elite quien la lleva a cabo. Más de la mitad de los miembros del Congreso de Estados Unidos son millonarios[35]. El plutócrata Michael Bloomberg gastó más de 100 millones de dólares de su propio bolsillo para asegurar su reelección como alcalde de Nueva York o, lo que es lo mismo, 174 dólares por cada voto recibido. Durante los últimos setenta años, el ganador de las elecciones generales de Reino Unido no ha procedido de una universidad que no fuera Oxford. Del mismo modo, los graduados de la École Nationale d'Administration (ENA) dominan la política francesa. Todos los jueces de la Corte Suprema de Estados Unidos estudiaron en Harvard o en Yale. Muchos parlamentarios actúan como si acabaran de salir del set de rodaje de *La gran belleza*, si no directamente de *Il Divo*. Con frecuencia se considera que los políticos constituyen una clase aparte y, en muchos casos, es cierto[36].

La concentración de la propiedad de los medios de comunicación que existe en la actualidad no tiene precedentes. Los ricos o bien son directamente propietarios de la prensa (tanto de los nuevos medios como de los antiguos), de modo que ejercen una influencia desproporcionada en la política —como en el caso de Rupert Murdoch—, o bien pueden marcar su agenda mediante el gasto en publicidad. En Italia, el hombre más rico del país, Silvio Berlusconi, usó su imperio mediático para catapultarse hacia el poder político, y luego utilizó su poder político para proteger su imperio mediático. Como anfitrión debió de ser de primera categoría, pues líderes tan diversos como Tony Blair y Vladímir Putin se aprovecharon de su hospitalidad. Berlusconi no solo cantaba a sus invitados,

---

35. Alan Rappeport (2015): "Making It Rain: Members of Congress Are Mostly Millionaires", *The New York Times - First Draft*, 12 de enero, en http://www.nytimes.com/politics/first-draft/2015/01/12/making-it-rain-members-of-congress-are-mostly-millionaires/

36. En cambio, en España, los parlamentarios están muy mal remunerados en comparación.

sino que los invitaba a sus fiestas *bunga bunga*. En calidad de propietario del AC Milan, podía conseguirle a sus amigos un asiento en los partidos de fútbol más importantes; en calidad de dueño de su propio partido político, podía conseguirles un asiento en el Parlamento.

El problema es que el caso de Italia no constituye una excepción[37]. Las altas esferas políticas están acosadas por graves escándalos de corrupción en todos los países del Primer Mundo. Helmut Kohl, canciller de Alemania durante dieciséis años, fue expulsado de su partido por haberse apropiado de fondos ilegales. Jacques Chirac, Alain Juppé, Nicolas Sarkozy, Christine Lagarde y François Fillon han tenido todos encontronazos con la ley, al igual que el ya exministro de Hacienda de François Hollande, Jérôme Cahuzac. El Parlamento británico fue sacudido por un escándalo relacionado con los gastos realizados por los miembros de la cámara que provocó la dimisión de algunos ministros y el encarcelamiento de algunos diputados. Por su parte, España ha proporcionado una larga y escandalosa lista de casos que en conjunto describen una época que quedó reflejada en el gesto del presidente del gobierno dando una rueda de prensa a través de una televisión de plasma, como si fuera el Gran Hermano.

Las puertas giratorias entre la política y la elite empresarial son una forma más sutil de corrupción. Una vez dejan sus cargos, a menudo los ministros forman parte de *lobbys* u obtienen puestos en grandes multinacionales, permitiendo de este modo el acceso a sus agendas de contactos a cambio de dinero. Un ejemplo emblemático de esto es el de Goldman Sachs. De esta empresa provienen varios secretarios del Tesoro de Estados Unidos, así como el actual presidente del BCE, Mario Draghi, y a ella se fue a trabajar José Manuel Durão Barroso al finalizar su mandato como presidente de

37. Perry Anderson (2014): "The Italian Disaster", *London Review of Books*, 22 de mayo.

la Comisión Europea. Se calcula que en Bruselas hay aproximadamente un total de 30.000 *lobbyists*[38]. El 90% de los *lobbys* europeos representan empresas privadas y se estima que influyen en el 75% de la legislación europea[39]. La corrupción sistémica salpica a todos: aquellos que participan en un sistema cada vez más dominado por los *lobbies*, la financiación opaca, los oligarcas de la prensa y los políticos venales dispuestos a cumplir sus órdenes se exponen a que se les meta en el mismo saco.

La confianza es un elemento imprescindible para construir un Estado de bienestar. Quienes se aprovechan del dinero público erosionan la idea de que todos estamos en el mismo barco. Si los ciudadanos no pueden contar con que su gobierno presta los servicios públicos de manera eficiente y justa, no estarán dispuestos a contribuir a la financiación de dicho Estado. Las personas con un compromiso cívico están menos dispuestas a pagar impuestos cuando se corre el riesgo de que estos acaben en manos de unos parásitos que operan dentro del sistema. La desconfianza y la alta evasión de impuestos van de la mano; y, a la inversa, los altos niveles de confianza, un gobierno honrado y una elevada recaudación de impuestos están también asociados. La lucha contra la corrupción es también la lucha en favor de la confianza.

LAS LIMITACIONES TRANSNACIONALES

La globalización impone limitaciones adicionales a la democracia. Mientras que las grandes multinacionales no han parado de crecer, la financiariazación y la libre

38. Ian Traynor (2014): "30.000 Lobbyists and Counting: Is Brussels under Corporate Sway?" *The Guardian*, 8 de mayo, en https://www.theguardian.com/world/2014/may/08/lobbyists-european-parliament-brussels-corporate
39. Perry Anderson (2011): *The New Old World*, Pbk, Londres/Nueva York, Verso.

circulación de capitales han hecho que se vuelva más difícil para los gobiernos estatales gestionar sus economías, controlar las grandes empresas y limitar las actividades de los ricos. A fin de cuentas, Coca-Cola está hoy mejor organizada de lo que jamás lo estuvo el Comintern. La sensación de que los gobiernos son impotentes está parcialmente justificada, pues tienen menos capacidad de intervención que antes. La amenaza de una huelga de capitales o de que las multinacionales y los ricos hagan sus maletas y se vayan a otro sitio siempre está presente. Cuando François Hollande aumentó los impuestos sobre los ricos, Gérard Depardieu tomó represalias mudándose a Rusia, de modo que Francia perdió los impuestos derivados de su ingente consumo.

Al estar los países a merced de fuerzas que escapan a su control, muchas de las decisiones más relevantes se toman al margen del ámbito estatal, por lo que las elecciones nacionales pierden parte de su importancia. Los electores tienen motivos para ser escépticos respecto al funcionamiento actual de una Unión Europea, que corre el riesgo de normalizar la existencia de un déficit democrático. Cuando los franceses y los holandeses votaron por rechazar la Constitución europea, fueron ignorados y la Constitución fue aprobada por otra vía, el Tratado de Lisboa. Cuando los irlandeses votaron por rechazar el Tratado de Lisboa, se les intimidó para que lo volvieran a votar hasta que saliera el resultado correcto. Como dijo Brecht: "¿No sería más fácil... para el gobierno disolver el pueblo y elegir otro?".

En el transcurso de la crisis de la deuda soberana europea, los países obligados a aceptar un rescate bajo la supervisión de la troika (la CE, el BCE y el FMI) fueron políticamente subordinados. Los llamados "hombres de negro" de las instituciones empezaron a dictar las políticas. En 2011, los gobiernos de Grecia e Italia fueron reemplazados por gobiernos tecnocráticos a instancia del BCE.

El gobierno español evitó una situación semejante, pero a costa de cambiar su constitución de la noche a la mañana. El poder combinado de los actores políticos externos, los funcionarios europeos no electos y los mercados arrolló la voluntad de los electorados nacionales. No es de extrañar que hoy en día sean menos de la mitad de los griegos los que consideran que tienen una democracia propiamente dicha[40].

POSTDEMOCRACIA Y GOBERNAR EL VACÍO

Los ciudadanos pueden observar con justificada frustración cómo las instituciones democráticas se vacían de contenido. La globalización neoliberal y la postdemocracia van de la mano. En este contexto postdemocrático, los elementos formales de la democracia (las elecciones, los parlamentos...) siguen funcionando, pero cada vez son menos importantes. La sensación de que los votantes ordinarios no tienen voz se combina con el sentimiento de que los propios gobiernos nacionales carecen de poder. En Europa, los políticos electos siempre pueden desviar la responsabilidad hacia una burocracia lejana y sin rostro. La brecha de confianza entre las elites (el "público informado") y el resto de la población nunca ha sido tan amplia. Cuanto más difícil es discernir quién toma las decisiones, más obvio es que no eres tú.

El poder empresarial está ganando fuerza, colonizando —si no directamente privatizando— el sector público. El poder legislativo, la cámara representativa del electorado, ha ido perdiendo influencia. El poder se concentra en manos del ejecutivo. La participación electoral está

40. "Greeks' Confidence in Democracy Faltering, Survey Suggests", *MacroPolis*, en http://www.macropolis.gr/?i=portal.en.society.3931 (consultado el 5 de julio de 2016).

disminuyendo y la abstención aumenta especialmente entre la clase obrera. La afiliación a los partidos políticos ha caído en picado. Las elites de los partidos, más interesados en garantizar su propia supervivencia que en proporcionar alternativas, se han retirado a las instituciones, desconectándose cada vez más de los votantes. Los políticos parecen vivir en una burbuja y sus rutinas chocan especialmente con las demandas de los jóvenes, que, acostumbrados a una realidad en red, claman por más transparencia y oportunidades de participación. Una pequeña elite aislada del electorado es capaz de tomar decisiones. La labor de los políticos está tan desprestigiada que, en muchos círculos sociales, estaría mejor visto decirle a la gente que eres un pornógrafo que decir que trabajas en política.

El conjunto es una mezcla deprimente. Los gobiernos son capaces de hacer menos de lo que hacían antes, la política favorece a los ricos y los partidos y los políticos parecen indiferentes y distantes. La incapacidad de los partidos tradicionales a la hora de ofrecer alternativas genuinas diluye la importancia del proceso político y la diferencia entre la izquierda oficial y la derecha se vuelve cada vez más insignificante. Esta combinación genera cinismo, frustración y resignación a partes iguales: no es así como se suponía que iban a ser las cosas. La gente está perdiendo la fe en la democracia y la confianza en una elite política que le está fallando. Hay leña suficiente para una reacción.

En todos y cada uno de los países más ricos del mundo, el *establishment* está siendo asediado por populistas de todo tipo. La crítica radical y simplificada de las instituciones se ha ido haciendo más frecuente. En este sentido, a pesar de que el voto de Reino Unido a favor de abandonar la Unión Europea llegó por sorpresa, era algo sintomático. Con el objetivo de ahuyentar al fantasma del Brexit, todas las potencias de la vieja Europa conjuraron en una Santa

Alianza a la cual se sumaron el presidente de Estados Unidos y el del FMI; el Consejo, la Comisión y el Parlamento Europeo; la City de Londres, el Banco de Inglaterra, los partidos políticos y los expertos del mundo académico. Sin embargo, esto no fue suficiente. Como dijo Michael Gove, uno de los líderes de la campaña a favor, la gente "se ha hartado de los expertos". A cambio, la utopía neoliberal del Big Mac está dando paso al mundo de los *big men*, de los hombres fuertes. La erosión de la democracia desencadena la caída de la última pieza del dominó: la descomposición del orden liberal global.

DE LA DESCOMPOSICIÓN A LA REACCIÓN

A finales de la eufórica década de los noventa, Thomas Friedman, columnista de *The New York Times*, ideó la teoría de los arcos dorados, según la cual los países no se pelearían entre sí una vez tuvieran su propio McDonald's. La suposición de que había llegado una plácida era de paz capitalista solo podía ser fruto del pensamiento mágico. El orden internacional ha estado exhibiendo signos de decadencia, por no decir de colapso total, desde el final de la Guerra Fría. Estados Unidos cometió el error de tomarse en serio la idea de que gozaba de una situación de poder prevaleciente —como la única gran potencia existente— y de intentar actuar bajo esa premisa.

Podemos examinar cómo se produjo la descomposición del orden internacional reglado y estructurado por el poder estadounidense. Cuando Bush padre llevó a cabo la primera guerra contra Irak, maniobró a través de la ONU y montó una amplia coalición siguiendo en todo momento un modo de proceder convencional; eran los tiempos en que se acababa la Guerra Fría y había que buscar un enemigo para afirmar la autoridad. Durante la presidencia de Clinton, la OTAN intervino por primera vez sin la autorización de la ONU durante el bombardeo de Yugoslavia. Molestos por los fracasos en Ruanda y en la guerra de los Balcanes, los halcones liberales necesitaban un nuevo marco de acción, incluso si eso significaba eludir a la ONU. Desde el principio, la doctrina del intervencionismo liberal ha sido siempre susceptible de acabar convirtiendo acciones humanitarias en guerras neoconservadoras llevadas a cabo por elección y no por necesidad. La retórica elevada puede servir de tapadera para objetivos menos nobles.

Cuando llegó la segunda guerra contra Irak, Bush hijo no recibió la autorización de la ONU, dividió su coalición de la OTAN y estableció la "coalición de la voluntad". Su presidencia despilfarró una tremenda cantidad de buena voluntad y terminó siendo criticado de manera casi universal. Su supuesta misión civilizadora, llamada a difundir la libertad y la democracia por la fuerza de las armas, se estrelló contra el muro de la realidad. La revelación de las torturas en Abu Ghraib y otros crímenes de guerra minaron la credibilidad estadounidense. La piadosa ficción del excepcionalismo estadounidense se relegó a los verdaderos creyentes que aún quedaban.

Puede que la presidencia de Obama sirviera para frenar la decadencia del sistema global, pero no fue capaz de impedirla. Obama prefirió los ataques extrajudiciales con drones a enviar tropas. El bombardeo de Libia —que en apariencia era una cruzada humanitaria— fue subcontratado al incompetente dúo formado por David Cameron y Nicolas Sarkozy. Siria quedó expuesta a todas las crueldades que la geopolítica global podía reunir. A la luz de lo que vino después, puede interpretarse el gobierno de Obama más como un paréntesis, como la calma antes de la tormenta, que como un regreso a la normalidad. Un multilateralismo de bajo coste anticipa su desaparición.

Donald Trump ha declarado obsoleta la OTAN y ha hecho una llamada a que Estados Unidos se retire de los organismos y tratados mundiales. En la línea del resto de sus políticas, ha afirmado que no considera que Estados Unidos deba ser el defensor del mundo libre. Ha optado por pelearse con el primer ministro de Australia y ha provocado la detención de un ex primer ministro de Noruega en un aeropuerto. En la América de Trump, dos de cada cinco personas estarían a favor de construir un muro —de "solo" 8.891 km de largo— con Canadá[41]. Ha provocado una oleada de editoriales preocupados por el fin del orden americano y el siglo americano. Despreciado por ser una aberración, Trump representa la continuación de unas tendencias estructurales ya presentes.

El orden de la postguerra giró en torno a la ONU, que fue originariamente una alianza antifascista. Estados Unidos minó la importancia de esta organización recurriendo a la OTAN justo en el momento en que el Atlántico Norte dejaba de ser el escenario más relevante del capitalismo global. Los centros de crecimiento más dinámicos se encuentran todos en el Pacífico. Los europeos, fracturados entre sí, están cada vez menos dispuestos a luchar. La siguiente evolución lógica es el regreso a un mundo más peligroso donde la fuerza es utilizada unilateralmente por múltiples actores. En vez de tener un enemigo —o ningún enemigo—, los nacionalistas autoritarios tratan de devolvernos a la guerra hobbesiana del todos contra todos. En Europa, la estabilidad y el futuro de la unión ya no pueden darse por hechos.

Nunca hemos tenido tantos aspirantes a grandes estrategas. Los deseosos de ser Von Clausewitz razonan sobre las vidas humanas como si no fueran más que fichas sobre un tablero de *Risk*. "Nosotros" debemos bombardear Siria, "nosotros" deberíamos bombardear la oposición en Siria o

41. "41% of Americans Would Support a Wall on the Canadian Border: Poll", *CBC News*, en http://www.cbc.ca/news/trending/wall-canadian-border-poll-scott-walker-1.3242383 (consultado el 26 de febrero de 2017).

"algo debe hacerse" con un conjunto de países que va desde Rusia a China, Irán, Corea del Norte o Yemen. Cada "problema" inevitablemente conduce a la misma respuesta: ejecutar a algún grupo de personas, preferiblemente de piel oscura, en algún lugar muy lejano.

Y así, en lugar del orden plácido y predecible posterior a la Guerra Fría, el mundo se precipita hacia el caos. Electorados nerviosos recurren a hombres fuertes como Putin y Erdogan para protegerse y, para ocultar su debilidad, estos líderes desmantelan a su vez las instituciones democráticas que amenazan su poder. Trump, por su parte, ha resucitado un nacionalismo autoritario latente en su país. Seguramente nos iría mejor a todos si estos tipos se dedicaran a conducir sus Lamborghini, pero en cambio muestran su virilidad aterrorizando al planeta con una escalada de hostilidad. Desafortunadamente, los grandes palos están en manos de mentes cortas.

Todas las viejas certezas que definieron el Primer Mundo se están desmoronando. El crecimiento se ha estancado. Las clases medias se están encogiendo. La democracia no funciona como debería. El mundo se ha vuelto más impredecible y más peligroso. La novedad del mensaje de Trump no es que nos diga que el estado de cosas es detestable, sino que él encarna la idea de que está absolutamente bien que los individuos y los países sean también detestables.

CAPÍTULO 2

LA REACCIÓN Y EL AUGE DE LA DERECHA RADICAL

Uno nunca olvida su primera vez. La mía me pilló por sorpresa en el metro de Viena. Era joven, alto y guapo, y vestía de pies a cabeza el uniforme de gala nazi —como un oficial de las SS—, solo a falta de la insignia, para evitar que lo detuvieran. El uniforme era inconfundible. Nadie me había preparado para una situación como esa. Pero ¿quién lo está? Es cierto que he vivido otros momentos parecidos: me he tropezado con pequeños grupos de nostálgicos de Franco protestando por una cosa u otra, portando sus águilas; he huido de los Inválidos en París al final de una protesta estudiantil que se había ido de las manos, el aire espeso cargado de humo y de un gas lacrimógeno que no se disipaba; acabar atrapado entre un grupo de adolescentes de origen magrebí que lanzaban piedras y un grupo de extrema derecha armado con porras y bates fue una mala idea. He evitado a unos *skinheads* metiéndome furtivamente en un bar en Zagreb buscando una hamburguesa y una cerveza. Pero jamás hasta entonces había tenido en frente a todo un nazi, de pies a cabeza, en un lugar público.

Austria estuvo a punto de elegir a un candidato del ala de la derecha radical, perteneciente al Partido de la Libertad de Austria (FPO), como su presidente. Nuestra situación política se ha deteriorado a una velocidad vertiginosa. La gente ahora celebra si el candidato de la derecha radical logra *solo* un 48% del sufragio. El país natal de Hitler evitó, por los pelos, que uno de sus sucesores fuera el jefe del Estado, pero el FPO ahora condiciona toda la política austriaca desde el Parlamento. Si ya es inquietante cuando tienes un nazi delante, es incalculablemente peor cuando estos llegan al gobierno.

Sería reconfortante poder pensar que Austria es una excepción abominable, pero no lo es. Ninguna parte del mundo está a salvo. Por ejemplo, mi ciudad natal, Toronto —en la cúspide como metrópolis multicultural ejemplar—, eligió a un alcalde populista conservador propenso a los insultos raciales. El populismo anti-*establishment*, que tiene muchas caras, ya tiene un papel protagonista en el Primer Mundo. La lectura más esperanzadora de este fenómeno hacía pensar que una revuelta democrática estaba sacudiendo el mundo entero: la Primavera Árabe, Taksim, los indignados, Syntagma, Occupy, pero son otras fuerzas las que tienen ahora la sartén por el mango y las que deberían estar en el centro de todas las atenciones: la reacción nacionalista, racista y tribal. La derecha radical se ha puesto en marcha. Es tanto un síntoma como una causa del fracaso del *statu quo*.

Quizás debería habernos servido como advertencia todos los *hipster* que caminaban por las ciudades con cortes de pelo inspirados en las Juventudes Hitlerianas, o los bolsos de imitación de Chanel en circulación, un recordatorio —inspirado en la misma Coco— de que hay mucha gente dispuesta a acostarse con los fascistas para mantener su nivel de vida. Al igual que en la obra de Ionesco, *Rinoceronte*, el número de personas transformándose ante nuestros ojos se está multiplicando. Ya no podemos pretender que aunque se esté fraguando una reacción contra el *statu quo*, esta sigue estando en un horizonte lejano. Eso es falso porque ya está aquí. El supremacismo blanco ha llegado hasta la Casa Blanca, y estos tipos que juegan a disfrazarse son solo la punta del iceberg; lo que no se ve es bastante más peligroso; es el futuro mirándonos a la cara y amenazando con chocarse contra ella. ¿Cómo es posible que esto ocurra?

LAS PINTADAS DE LAS PUERTAS DE LOS BAÑOS SALEN A LA CALLE

El discurso del odio siempre ha estado muy extendido, pero no siempre ha sido ni tan obvio ni tan público. Al no tener acceso a los medios de comunicación de masas, los mensajes más reaccionarios serían casos aislados: aparecerían pintados con espray en alguna pared o garabateados en algún baño junto a un dibujo lascivo y un número de teléfono cualquiera. Ahora la sección de comentarios de las páginas en Internet, todavía en su adolescencia, sirve como una metáfora del estado del debate público. En la superficie, una serie de opiniones, amables en su mayoría, coexisten dentro de un marco estrecho. Debajo, es como levantar una gran roca y descubrir que está plagada de insectos desagradables.

Un escandalizado papa ha comparado las falsas noticias con la excitación sexual provocada por las heces. Las redes sociales han facilitado una serie de odios de dos minutos y 140 caracteres; además, los insultos o las amenazas violentas son instantáneos y pueden correr como la pólvora. Todo esto, combinado con un sector mediático al alza que trafica con prejuicios y teorías de la conspiración ha dado lugar a que, al final, estos mensajes se hayan infiltrado en las instituciones. ¿Quién habría pensado que Fox News se convertiría en el ala moderada del Partido Republicano? Los más reaccionarios han llegado hasta la cima, armados con un sofisticado aparato de propaganda. El odio ha pasado de los márgenes a la centralidad.

Lo que antaño era inaceptable, ahora forma parte del discurso político habitual; la frontera retórica entre la extrema derecha y el *mainstream* se ha vuelto borrosa. Cuando H. C. Strache, de la FPO, se postuló como alcalde de Viena, utilizó las consignas de "Viena no debe convertirse en Estambul", así como "Él está diciendo lo que Viena piensa". Cuando se le preguntó a Ivana Trump qué consejo le daría a su exmarido, ella sugirió el lema "Tú lo piensas, yo lo digo". En España, la extrema derecha se siente cómoda con el Partido Popular. Su candidato a la alcaldía de Badalona experimentó con las consignas de "Muchos lo piensan, yo lo digo" y prometió "limpiar" la ciudad. "Lo que la gente piensa" se ha convertido en un eufemismo del odio de una supuesta mayoría silenciosa.

Una derecha radical que combina las características del nativismo político[42], el autoritarismo y el populismo se está fortaleciendo tanto en las instituciones como en las calles. Un vistazo a las encuestas muestra que son un peligro en toda Europa, y cada día están mejor coordinados. Por ejemplo, en Francia, Marine Le Pen lidera marchas con jóvenes "patriotas" armados con antorchas y amenaza a los periodistas; acabó con "solo" uno de cada tres votos. En Grecia, los neonazis de Alba Dorada han llevado sus armas al Parlamento. En Alemania, grupos de vigilantes han incendiado centros de refugiados. La recta final del referéndum del Brexit estuvo marcada por el asesinato de la diputada laborista Jo Cox a manos de un extremista de la derecha radical. Los crímenes de odio contra musulmanes, judíos y la comunidad LGBT no paran de aumentar. Recuerdo cuando, asistiendo a una reunión de las juventudes socialistas, escuché la horrible noticia de la masacre en Utoya; todavía me sigue pareciendo incomprensible.

42. Cas Mudde (2015): "Populist Radical Right Parties in Europe Today", pp. 295-307.

SI NO PUEDES VENCERLOS, ¿ÚNETE A ELLOS?

Los partidos tradicionalmente hegemónicos se han adaptado al auge de la derecha radical imitando su retórica y normalizando su presencia. Y, sin embargo, los verdaderos motivos que han provocado su éxito continúan sin resolverse. Han tratado la creciente xenofobia como un puzle electoral por resolver (por ejemplo, ¿toca adaptarse a los prejuicios del electorado?) y no como una amenaza fundamental para los valores de la democracia liberal. Se diseñó una Europa unida para evitar la vuelta a los odios nacionales, pero los oportunistas han ignorado o trivializado este logro.

Al igual que un aprendiz de brujo, durante décadas, los políticos conservadores han conjurado unas fuerzas que superan su capacidad de contención o control. Durante su presidencia, Sarkozy se refirió a los jóvenes descendientes de inmigrantes como *racaille* (escoria) y sugirió limpiarlos con un Karcher (un limpiador a presión gigante). Más tarde, intentó regresar a la política con la estrategia de acercarse a los votantes de Le Pen, prometiendo la prohibición de los velos y el fin de la opción de comidas sin cerdo en las escuelas. Someter a los niños a juicio por la ingesta o no de cerdo es una reminiscencia de la Inquisición.

Abundan los toscos intentos por parte de los conservadores de robar votos a la derecha radical, como el caso del ex primer ministro griego Antonio Samaras, que vinculó el atentado de Charlie Hebdo a la cuestión de la inmigración ilegal. A los racistas les encanta vincular terrorismo y refugiados. Por su parte, David Cameron convocó el referéndum del Brexit para mantener su partido unido y limitar el impacto del partido antiinmigrante, el Partido de la Independencia del Reino Unido. En Canadá, el Partido Conservador convirtió el velo islámico en una cuestión electoral en 2015. Y en 2017, el auge de Geert

Wilders en Holanda fue contenido, pero a costa de que los principales partidos de derecha endurecieron su discurso identitario. Además, el Partido Republicano de Estados Unidos lleva décadas apelando al supremacismo blanco con mensajes codificados sobre la ley y el orden.

Los socialdemócratas europeos tampoco han sido capaces de resistir esta tentación. Aparentemente, la posibilidad actual de salir ganando, por mínima que sea, justifica sacrificar los objetivos a largo plazo del movimiento. Así, los socialistas franceses presidieron el desmantelamiento de los campamentos romaníes, mientras que los socialdemócratas daneses votaron a favor de confiscar las posesiones de los refugiados. El gobierno liderado por la socialdemocracia austriaca votó a favor de endurecer las leyes de asilo y, en Reino Unido, Ed Miliband fue tan lejos como para escribir en piedra la promesa de restringir la inmigración[43]. Incluso en Estados Unidos, Obama, un liberal, presidió la deportación de un número récord de inmigrantes.

Ser indulgente con la derecha radical juega directamente a su favor; reafirma la validez de su mensaje. Si se reduce a una competición para ver quién puede ser el más racista y autoritario, ellos siempre ganarán. Sin embargo, derrotarlos no implica imitarlos, pero, para enfrentarse a ellos, debe comprenderse cómo son las fuerzas subyacentes que han impulsado su ascenso, pues la amenaza que representan no se debe descartar en función de tal o cual resultado electoral; sus raíces son profundas. Este capítulo cuenta la historia del nacimiento del supervillano de nuestros tiempos. Por lo tanto, se concentrará en los factores económicos, los culturales y un amplio pero abstracto deseo de recuperar el control.

43. Grabar los mandamientos en piedra recuerda el Libro de Éxodo, la quintaesencia de la historia de los refugiados.

¿SON SIMPLEMENTE UN PUÑADO DE PERDEDORES?

Sería conveniente poder reducir el ascenso de la derecha radical a una sola causa. A raíz del Brexit y de la elección de Trump, los científicos sociales emprendieron una batalla dialéctica donde contrastaban sus argumentos más manidos: algunos culparon a la incertidumbre económica y el declive; otros insistieron en la importancia del miedo al contrario, de las tendencias racistas actuales. La discusión ha recordado antiguos debates entre el cuerpo y la mente, materialismo e idealismo, o discusiones marxistas sobre la infraestructura contra la superestructura. Ha puesto el foco en que siempre hay una serie de factores objetivos y subjetivos en juego. La historia contrafáctica es una industria en auge porque la política siempre ha sido contingente. *The Man in the High Castle* (*El hombre en el castillo*), una novela sobre una hipotética victoria nazi en la Segunda Guerra Mundial, se nutre de la idea de que las cosas siempre podrían haber evolucionado de forma diferente.

La incertidumbre económica generalizada puede generar consecuencias desagradables. Por ejemplo, el ascenso de Hitler tuvo lugar en un contexto estereotípico de crisis financiera, deflación y austeridad. Los paralelismos entre los años treinta y las circunstancias recientes son obvios, sin olvidar una diferencia muy importante: no acabamos de sufrir la Primera Guerra Mundial y el Primer Mundo no está traumatizado por el daño de la guerra a escala industrial ni es el hogar de millones de hombres expertos en combate y acostumbrados a la violencia. Los del *alt-right* —grupo de choque ultraderechista— de momento luchan mayoritariamente con palabras mientras que los camisas pardas lo hacían con armas.

Sin embargo, la percepción de que la incertidumbre económica puede dar paso a una reacción política tiene un componente de verdad. La falsa promesa de seguridad ha sido durante mucho tiempo uno de los principales reclamos de los fascistas; la clase media, temerosa de perder posiciones; los desclasados, o los que temen desclasarse, son un blanco perfecto para movimientos que predican con el resentimiento y el odio. Por eso están saliendo a la palestra nuevos actores que pretenden poner voz a los que se han ido quedando por el camino.

La globalización en general y el libre comercio en particular han sido declarados culpables de dicha reacción. Por un lado, la deslocalización ha desembocado en la destrucción de millones de empleos estables de la clase trabajadora; la producción se ha desplazado a zonas donde el coste de la mano de obra es más barato, dejando cinturones industriales tras de sí, y, en el proceso, las comunidades circundantes han quedado devastadas. De Pittsburgh a Sheffield, los antiguos bastiones de la industria se han convertido en una pálida sombra de lo que una vez fueron. Entre 1998 y 2016, el 30% de los empleos en la industria desaparecieron en Estados Unidos[44]: el Tratado de Detroit, que garantizaba a los trabajadores industriales estadounidenses buenos salarios, cobertura sanitaria y pensiones, lleva décadas derogado.

Buena parte del electorado tiene razones de peso para quejarse. El famoso gráfico del elefante de Branko Milanovic[45] muestra la evolución de los ingresos de diferentes segmentos de la población mundial entre 1988 y 2008; con una excepción: todo el mundo se ha hecho más rico en las últimas dos décadas, las elites de los países ricos, principales defensoras de la globalización, se han

44. Abha Bhattarai (2016): "Factory Jobs Trickle back to the U.S., Giving Hope to a Once-Booming Mill Town", *Washington Post*, en https://www.washingtonpost.com/business/capitalbusiness/factory-jobs-trickle-back-to-the-us-giving-hope-to-a-once-booming-mill-town/2016/03/16/5647cd7a-e4a3-11e5-b0fd-073d5930a7b7_story.html (consultado el 5 de agosto de 2016).

45. Luke Kawa: "Get Ready to See This Globalization 'Elephant Chart' Over and Over Again", *Bloomberg.com*, en http://www.bloomberg.com/news/articles/2016-06-27/get-ready-to-see-this-globalization-elephant-chart-over-and-over-again (consultado el 31 de agosto de 2016).

beneficiado, y mucho. El ciudadano medio global ha salido especialmente bien parado, pero no así el votante medio del Primer Mundo: la media de ingresos de los hombres en edad laboral en Estados Unidos se ha estancado[46], increíblemente, durante los últimos cincuenta años; las tasas de mortalidad de los estadounidenses blancos de mediana edad están aumentando. En Reino Unido, la última década ha sido la peor de los dos últimos siglos en cuanto a crecimiento de los salarios se refiere. Además, la integración de los mercados globales no condujo a una era de prosperidad sin precedentes para todos, como se decía, de ahí que la reacción sea en parte una historia de venganza.

Existe un consenso casi universal entre los economistas acerca de los beneficios del libre comercio, y la ventaja comparativa es motivo de celebración. Cuando los países se especializan en la producción de bienes diferentes, todo sale más barato. En general, esto beneficiará al conjunto: las ganancias de los ganadores superarán las pérdidas de los perdedores y, además, los economistas progresistas afirman que pueden establecerse mecanismos redistributivos para que los ganadores compensen a los perdedores; de esta manera, todos se benefician de la liberalización del comercio. Pero este escenario no se ha materializado: los que han salido perdiendo pueden sentirse estafados o tomados por tontos; no es solo que salgan perdiendo, es que salen perdiendo a cambio de nada.

El fútbol sirve como buena metáfora de las consecuencias de la globalización. Las ligas nacionales están más polarizadas y son más desiguales que nunca, con unos pocos equipos ejerciendo su dominio. Con el Caso Bosman, las ligas europeas se abrieron a la ilimitada competencia extranjera: el Arsenal, por ejemplo, es famoso por sus

46. Thomas Piketty, Emmanuel Saez y Gabriel Zucman (2016): "Distributional National Accounts: Methods and Estimates for the United States", *working paper*, National Bureau of Economic Research, diciembre, en http://www.nber.org/papers/w22945

alineaciones sin jugadores ingleses. Los salarios de las superestrellas son más altos que nunca y se agrupan en una serie de equipos de primera fila; los oligarcas del petróleo y los estados petroleros o patrocinan a muchos de los mejores equipos o directamente son los dueños. El fútbol ha sido financiarizado y corporativizado; sus directivos son notoriamente corruptos: llenan sus bolsillos mientras predican el amor por el deporte.

Ahora puedes ver casi cualquier partido, en cualquier momento, en cualquier lugar, siempre que lo puedas pagar: el lugar y el producto se han separado. Se va a celebrar un Mundial faraónico en el desierto[47]. La clase obrera ha sido expulsada de los grandes estadios por los precios y los gallineros han desaparecido. Sería mucho más difícil para Nick Hornby hoy en día escribir *Fiebre en las gradas*. El dinero ha triunfado sobre la identidad y la tradición; a menudo ni siquiera puedes comprar una cerveza en el estadio. El fútbol es oficialmente antirracista, pero no en las gradas. Puede que se haya mejorado el producto, pero las ganancias y las pérdidas se han distribuido de manera desigual. Un puñado de equipos y aficionados se han quedado por el camino.

En los países ricos, aquellos que han salido beneficiados han desarrollado un nuevo enfoque para justificar las desigualdades recientes. Los defensores del capitalismo global lo defienden con argumentos como el de ser un motor de la igualdad a escala planetaria[48] sin importar su trayectoria histórica: la trata de esclavos, el colonialismo,

47. La capacidad combinada de los nuevos estadios de Qatar (562 mil) duplica el número de ciudadanos en el lugar (278 mil). Qatar tiene una población de más de dos millones pero solo aproximadamente una de cada siete personas en realidad disfruta de la ciudadanía plena. Según *The Case against Qatar* de ITUC, 4.000 trabajadores migrantes corren el riesgo de pagar con sus vidas la construcción de los estadios necesarios. Esto resultaría en una ratio escandaloso de 62,5 muertes por cada 90 minutos de fútbol, más de una por cada minuto y medio.

48. Esto es una reformulación de teoría *Whig* de la historia de la ciencia.

el imperialismo, etc. Sería egoísta, dicen ellos, quejarse de la excelente noticia de que cientos de millones de personas hayan salido de la pobreza en China e India; es una lástima eso de que los ingresos se estanquen, pero, a la larga, es para mejor. Esta empatía global se utiliza así para ocultar la falta de solidaridad nacional, pero el consuelo teórico no es sustituto de unos ingresos superiores. Si tú tienes dos yates y yo no tengo ninguno, no me sirve de nada que, haciendo una media, ambos seamos marineros; las personas quieren ganar en términos específicos, no agregados. De ahí que, tanto en Estados Unidos como en Europa, cuanto más expuestos al comercio internacional están, más dispuestos se muestran los votantes a recurrir a los partidos nacionalistas y proteccionistas.

EL ASCENSO DE LOS ROBOTS

Sin embargo, la tesis de los perdedores de la globalización por sí misma es demasiado limitada. Joseph Schumpeter habló de cómo el capitalismo avanza a través de la "destrucción creativa"; es decir, genera resultados desiguales en todos los ámbitos. Que haya ganadores y perdedores es intrínseco a una economía de mercado, pero cómo se los trate —si habrá o no mecanismos adecuados de compensación— depende de la política y las políticas públicas. La austeridad tendrá efectos muy diferentes que un aumento de la inversión pública. La globalización sirve como un chivo expiatorio conveniente, pues permite a los gobiernos desentenderse de la responsabilidad de la redistribución, sobre la que en realidad siguen ejerciendo cierto control.

Podemos hacer una analogía entre los efectos causados por el comercio y el impacto de las nuevas tecnologías. Los robots son una fuente potencialmente interminable de mano de obra barata, es decir, representan una mayor amenaza para los empleos que el libre comercio. El peligro no es que las máquinas traten de erradicar a los humanos, como en el universo de *Terminator*, tampoco es que traten de esclavizar a la humanidad, como en *Matrix*; el riesgo, más bien prosaico, es que el ascenso de los robots represente una amenaza para el bienestar mediante la destrucción de empleos o la presión a la baja sobre los salarios.

La sustitución del capital por el trabajo no es nada nuevo; tampoco lo es la ansiedad generada por el desempleo tecnológico. Los inicios del siglo XIX son el escenario del famoso ejemplo de los luditas, que destrozaron las máquinas que amenazaban sus ingresos. A la larga, los trabajadores se beneficiaron como conjunto, pero no todos pagaron el mismo precio y algunos tuvieron que soportar durante décadas un coste desproporcionado. La primera gran sustitución de mano de obra se produjo cuando los trabajadores fueron desplazados de la agricultura a la industria. El campesino, en aquel momento con dominio, es ahora un anacronismo en los países ricos. Durante las últimas décadas, los seres humanos han estado dando paso a las máquinas en la fábrica igual que una vez lo hicieron en la granja.

Los medios están llenos de titulares con estudios que demuestran que millones de trabajos están en riesgo. Dos tercios de los estadounidenses creen que en 2050 las máquinas llevarán a cabo gran parte del trabajo que actualmente realizan los seres humanos[49]; sin embargo, no todo el mundo estará igualmente expuesto. Al igual que con el libre comercio, son aquellos a los que ya les va relativamente mejor que a los demás los que estarán más convenientemente situados para aprovecharse de las tendencias emergentes, sobre todo aquellos con mejor preparación universitaria. De nuevo,

---

49. Aaron Smith (2016): "Public Predictions for the Future of Workforce Automation", *Pew Research Center: Internet, Science & Tech*, 10 de marzo, en http://www.pewinternet.org/2016/03/10/public-predictions-for-the-future-of-workforce-automation/

existe el peligro de que gran parte de la población se quede atrás. Por su parte, Donald Trump obtuvo unos resultados electorales especialmente buenos en aquellos lugares donde la proporción de trabajos que tendían a la automatización era más elevada[50].

La inteligencia artificial (IA) ya ha ganado a los humanos en ajedrez, go y póquer. Estos emocionantes avances tecnológicos también son en sí mismos una advertencia. Si la IA es superior en el juego, pronto será mejor en el trabajo: la automatización y la digitalización están invadiendo el sector servicios; los terminales automáticos están reemplazando gradualmente a los empleados de McDonald's, el prototipo del primer trabajo no cualificado. En el otro extremo del mercado, Goldman Sachs ha sustituido casi todos sus brókers con algoritmos. El operador de ascensor, el agente de viajes o el secretario son profesiones que se encuentran en diferentes etapas de extinción. Mi abuelo español trabajó como camionero toda su vida. Este trabajo (junto con el de taxista) estará al borde de la desaparición en el momento en que los vehículos autónomos se pongan en circulación. Japón ya cuenta con cocineros y camareros robots; y para la asistencia a ancianos también están a punto de llegar.

Ryan Avent, de *The Economist*, ha advertido de una posibilidad alarmante: si un sector paga salarios altos y se puede masificar, entonces será automatizado. Por lo tanto, no habrá muchos trabajos bien pagados y que puedan resistir la automatización. Los nuevos gigantes de la tecnología no crearán trabajos en la misma escala que los gigantes industriales del pasado; el ejemplo está en la comparación entre Google y Facebook con General Motors y Ford. En este sentido, Robert Reich, exsecretario de

50. Jed Kolko (2016): "Trump Was Stronger Where The Economy Is Weaker", *FiveThirtyEight*, 10 de noviembre, en http://fivethirtyeight.com/features/trump-was-stronger-where-the-economy-is-weaker/

Empleo de Estados Unidos, cuenta cómo Kodak, en pleno apogeo, contaba con 145.000 empleados[51]; cuando entró en quiebra, Instagram tenía solo 13. Por otro lado, la amenaza de la automatización podrá servir para limitar las demandas salariales o directamente para reducir los salarios. Los resultados en los mercados de trabajo dependen en gran medida de la correlación de fuerzas entre los trabajadores y los propietarios.

Aun así, es cierto que las nuevas tecnologías emergentes también funcionarán como un complemento y seguirán creando nuevos puestos de trabajo. Nadie podría haber predicho la existencia de los *youtubers*, los *community manager*, los *instagramers*, los *e-gamers* o la vuelta a los oficios artesanales. Pronto aparecerán trabajos aún más extraños (¿paseadores de perros virtuales?), pero es poco probable que sirvan para reemplazar con éxito los puestos antiguos, pues no será fácil capacitar a los trabajadores industriales como programadores. Lo más probable es que, a corto plazo, unos trabajos malos sustituyan a los buenos, como ha pasado con los centros de atención al cliente, con sueldos cada vez más precarios. El desplazamiento tecnológico representa una amenaza mucho mayor para los trabajadores de lo que China y México jamás podrán llegar a ser: los propietarios de los robots dispondrán también de un ejército de sirvientes humanos mal pagados.

La derecha radical no solo se aprovecha de la incertidumbre económica, también ofrece algo a cambio. Por ejemplo, en la campaña del "Leave" del referéndum sobre el Brexit se prometieron 350 millones de libras más a la semana para el servicio nacional de salud. Por su parte, Trump, con su experiencia en el sector de la construcción,

51. Robert Reich: "The 'iEverything' and the Redistributional Imperative", en http://robertreich.org/post/113801138315 (consultado el 12 de julio de 2016).

propuso un programa inmenso de infraestructuras y desarrollo regional, lo que implicaría una buena inyección de trabajos en la construcción. En Europa, la derecha radical ya no se aferra a las ortodoxias del mercado, al menos en la teoría; en algunos casos ha comenzado a acercarse a los partidos principales desde la izquierda, ofreciendo mejores prestaciones sociales. Puede que no sean sinceros, pero prometen más empleos y bienestar y están dispuestos a comprometerse con los que han salido perdiendo, con los que quedan fuera de las cómodas burbujas urbanas.

LA CONCENTRACIÓN URBANA DE LA RIQUEZA

Los verdaderos ganadores de la nueva economía se concentran en las grandes ciudades. En Londres las finanzas, en San Francisco la tecnología; Toronto, por su parte, se ha ido convirtiendo en la capital minera del mundo. La riqueza fluye hacia las potencias urbanas desde el interior. La ciudad prospera mientras que las regiones circundantes crecen más lentamente, si no se estancan. La España rural se caracteriza por su despoblación, ya que los jóvenes acuden en masa a las grandes ciudades en busca de oportunidades. Cuanto más cerca estés del centro, mejores serán tus posibilidades porque es en las ciudades donde se encuentra la mayor parte de los trabajos de calidad. Parte de lo que se está viviendo se explica por la reacción de esos electores perjudicados o, en el caso de las grandes ciudades, expulsados o excluidos de las mismas.

Las ciudades funcionan como máquinas para el crecimiento porque, gracias a su densidad e interconectividad, reúnen ideas y personas. Más densidad genera más posibilidades para que la gente interactúe y para que florezca la creatividad. Más densidad significa más productividad, sobre todo cuanto mayor sea la proporción de trabajadores cualificados. Durante posguerra, el modo de vida ideal era el suburbano, mientras que las elites ahora están volviendo a ocupar los centros urbanos y con ello están elevando los precios y desplazando a aquellos que ya no pueden asumir los costes. La ciudad es tanto el lugar donde la riqueza se acumula como aquel donde se desarrolla la precariedad: alberga tanto a los más ricos como a un nuevo precariado del sector servicios que lucha por llegar a fin de mes. Si no puedes entrar por la puerta grande, la única alternativa es llegar por la puerta de servicio.

El barrio céntrico de Toronto donde crecí no es un caso único; allí, el precio de la vivienda ha subido constantemente durante años. Pero mientras que las viviendas privadas siguen ganando valor, la pista de patinaje lleva años cerrada por falta de inversión pública. Ya casi nadie de mi edad que se criara en la zona puede permitirse el lujo de vivir allí. Los viejos propietarios se han hecho de oro, mientras que los jóvenes tienen serias dificultades para poder comprar una vivienda. A pesar de que durante los últimos veinte años la ribera de Toronto se ha transformado en un muro de bloques de viviendas, la demanda de pisos sigue sin verse satisfecha porque muchos de estos apartamentos no eran más que inversiones extranjeras que sus dueños han dejado vacíos, y la construcción de las escuelas y los servicios públicos de la zona nunca se llevó a cabo.

La privatización y la financiarización del espacio urbano se han vuelto omnipresentes. Las ciudades se polarizan, la riqueza y la pobreza se concentran y los barrios de clase media siguen desapareciendo.

El funcionamiento del capitalismo globalizado dentro de las grandes ciudades provoca unos resultados muy desiguales. Es decir, todo el mundo dentro de la red urbana agrega valor, pero la mayor parte de las ganancias llega solo a una pequeña parte de la población, que acaban siendo los propietarios de la ciudad en sí misma. Estos ganan dinero porque poseen los sitios más de moda en la economía global; pueden sentarse a no hacer nada mientras ven cómo se llenan sus bolsillos. En la economía política clásica, las rentas se entendían como ganancias excesivas injustificadas; han reaparecido unos nuevos rentistas. Así, quien alquila un piso en Londres gana en dos días lo que el trabajador promedio tarda una semana en ganar[52]. En consonancia con los tiempos, un inversor inmobiliario ha llegado a ser presidente de Estados Unidos.

Los núcleos de las ciudades más prósperas se están convirtiendo en patios de recreo para los más ricos. Greenwich Village, por ejemplo, lleva tiempo siendo inaccesible para los artistas empobrecidos que lo hicieron famoso en su día; hay más oferta de Airbnb que de pisos para alquiler en el centro de Barcelona; Brooklyn, Kreuzberg y Hackney muestran historias parecidas de gentrificación transnacional. Mientras que los nodos de la red mundial de ciudades ricas siguen estando ubicados físicamente dentro de sus propios países, ya no les pertenecen enteramente a ellos. En todas partes se puede experimentar la sensación de no estar en ningún sitio en particular. Como decía Italo Calvino[53] describiendo la ciudad continua, "solo cambia el nombre del aeropuerto".

SEGREGACIÓN ESPACIAL, ALIENACIÓN CULTURAL

Existe una visión de la ciudad que la presenta como un palacio hedonista posracial, de género fluido, sexualmente promiscuo y plagado de drogas. Gente guapa pasa el tiempo en cafés elegantes, acostumbra su paladar con

52. Aditya Chakrabortty (2016): "I've Found the Key to Britain's Recovery: An Orange Shed in Shanktown", *The Guardian*, 29 de marzo, en https://www.theguardian.com/commentisfree/2016/mar/29/key-britains-recovery-orange-shed-shanktown-social-enterprise-building-bloqs
53. Teju Cole (2016): *Known and Strange Things: Essays*, Nueva York, Random House.

verduras exóticas con nombres impronunciables y escucha música electrónica extraña, todo con un telón de fondo de impresionante arte callejero. Dependiendo del punto de vista, eso puede ser un paraíso o Gomorra; en cualquier caso, mantener un estilo de vida de placer consumista requiere una cantidad significativa de recursos.

Durante la última Super Bowl, el acontecimiento televisivo más visto en Estados Unidos, Airbnb, Budweiser y Coca-Cola emitieron anuncios que incorporaban la retórica activista sobre la igualdad[54]. Pepsi recibió numerosas críticas por un anuncio con Kendall Jenner contra la violencia policial y una multinacional de publicidad fue quien situó la estatua de Fearless Girl delante del toro de Wall Street. Dentro del proyecto del igualitarismo neoliberal hay sitio para todos, siempre y cuando estos sean ricos.

La ciudad global está separada de su entorno por la riqueza y la cultura; estas dos formas de segregación se refuerzan mutuamente, con el trasfondo de una división educativa. Una brecha política se ha abierto entre ambas; entre aquellos que participan de la bonanza urbana y los que no; un giro moderno de la vieja división electoral entre campo y ciudad. En Estados Unidos, las grandes ciudades votaron a favor de los demócratas, mientras que los republicanos arrasaron en los pueblos. París se comporta de manera diferente del resto de Francia y Londres del resto de Reino Unido. La derecha radical en Austria fue detenida, metafóricamente, a las puertas de Viena. Parte de la elite cosmopolita, horrorizada, vuela de ciudad en ciudad, donde visitan a sus homólogos extranjeros y lamentan lo que está pasando, en lugar de prestar más atención a su propio patio trasero.

La búsqueda de respuestas fáciles ha provocado una industria artesanal de narrativas reduccionistas. Así,

54. El final de *Mad Men* aporta una representación brillante de las raíces de la publicidad corporativa progresista.

Hillbily Elegy, de J. D. Vance, encabezó la lista de ventas en Estados Unidos al encarnar el prototipo de la clase trabajadora blanca descontenta. Una lectura alternativa del texto cuenta la historia de cómo su creador, gracias al poder de la educación, logra ascenderse socialmente pero se mueve en círculos que cada vez tienen peor fama. Sus inicios se remontan a Appalachia, y de ahí escala al cuerpo de Marines, a la política republicana estatal, para acabar al lado del financiero de Silicon Valley Peter Thiel. Esta novela de formación narra, de manera inconsciente, su viaje por varios componentes de la coalición reaccionaria: entornos rurales frustrados, las fuerzas armadas y las altas esferas capitalistas.

El electorado de la derecha radical varía en su composición según el país. Por ejemplo, las devastadas comunidades de los cinturones industriales o la Francia de la periferia no son suficientes por sí solas para alimentar la creciente reacción. La base social es más compleja y diversa, de ahí que los integrantes del clan Kardashian-Jenner-West (entre otras cosas, los más notorios protagonistas de la televisión de *reality*), en el que se entremezclan cuestiones de género, raza y clase social, sean votantes indecisos. No debe olvidarse que el mejor indicador de si alguien es votante de Trump es si previamente eran votantes republicanos, pues Trump obtuvo sus mejores resultados en áreas ricas, no trabajadoras. El centro-derecha y sus prósperos votantes están expuestos a ser electoralmente colonizados o incluso canibalizados por los extremistas; pero sin la complicidad del *establishment* de derechas, la extrema derecha no puede ganar.

La derecha radical tiene muchos adeptos y una fuente de financiación en barrios y países ricos; muchas de las zonas que son muy ricas y aburridas —por ejemplo, Suiza, Sarrià o Salamanca— están muy interesadas en preservar los privilegios que tienen. La derecha radical recluta no solo excomunistas enfadados (o demócratas de la clase obrera), sino también a los educados hijos del orden. La reacción se esconde a plena vista en innumerables pueblos y ciudades dormitorio; merodea por lugares donde todavía se recuerda *La cinta blanca* de Haneke o la estética blanca de Taylor Swift. La cultura y la economía se entrelazan.

HACER RETROCEDER EL RELOJ

Donald Trump prometió "hacer América grande de nuevo", utilizando un lema que Ronald Reagan ya había proclamado en 1980. Pero ¿cuándo ha sido grande América? Según Trump, durante los inicios del siglo XX y a "finales de los cuarenta y los cincuenta". Después de la Segunda Guerra Mundial, insiste Trump, "nadie nos zarandeaba, todos nos respetaban, acabábamos de ganar una guerra, básicamente estábamos haciendo lo que teníamos que hacer". Trump no es el único en pensar así. Los estadounidenses nacidos antes de los años sesenta tienden a asociar la grandeza con los años cincuenta[55]; hay una tendencia generalizada a idealizar esa época. Se evocan imágenes del mundo de fantasía suburbana de Disney, de casas con vallas blancas, familias íntegras, coches grandes y perros leales. Está visión no se limita a Estados Unidos, pues en Francia se refieren a las décadas de la posguerra como *les trente glorieuses*, los treinta años gloriosos.

Ahora estamos presenciando la muerte lenta y agonizante de la utopía centrada en el coche y el barrio residencial. Lo que fue en su día una materialización del sueño americano ahora representa lo insostenible. El césped inmaculado requiere demasiada agua, lo mismo que el coche clásico, que una vez fue símbolo de estatus, pero

55. Andrew McGill (2016): "Just When Was America Great?", *The Atlantic*, 4 de mayo, en http://www.theatlantic.com/politics/archive/2016/05/make-the-sixties-great-again/481167/

donde antes había patriotismo y libertad, ahora hay más bien codicia y contaminación. La premisa del sueño americano era que todo el mundo podía cumplirlo, pero este "todo el mundo" no puede incluir el resto del mundo sin destruir el planeta en el proceso. Al sacar de la ecuación la posibilidad de hacerlo universal, se ha quedado únicamente en una expresión de egoísmo.

El viejo mundo tiene a su campeón. Cuando James Bond hizo su debut en la pantalla en 1962, la descolonización ya estaba en marcha. Nació obsoleto: un agente monárquico testigo del colapso de un imperio golpeado por los vientos del cambio. Su afán por los asesinatos extrajudiciales define su identidad; sus aventuras son las de un hombre que lucha contra las limitaciones de la democracia y el Estado de derecho. Combina una misoginia desenfrenada con el disfrute por la alta tecnología, la velocidad, el peligro y la muerte. Podría ser la cabeza de cartel del movimiento futurista que inspiró a los fascistas de Mussolini; en cambio, es un escaparate para las grandes multinacionales, un icono del lujo y un reclamo para la publicidad. Representa la alianza del consumismo y la supremacía blanca. Como todos los zombis, se alimenta de los vivos sin darse cuenta de que ya está muerto.

La posguerra presenció el nacimiento de una serie de movimientos de liberación alrededor del mundo. Las revueltas anticoloniales coincidieron con un resurgimiento del feminismo, el activismo por los derechos civiles, el nacimiento de la militancia LGBT y diversas insurrecciones juveniles. Estaban unidos en su lucha contra la injusticia y la discriminación sistémica. Por su parte, la derecha radical es atractiva para aquellos que alguna vez disfrutaron de una superioridad fácil, pero cuyos privilegios están ahora en peligro. El núcleo de la reacción en el Primer Mundo consiste en hombres blancos enfadados. Solo cuatro grupos demográficos en Estados Unidos siguen apoyando el bombardeo nuclear de Hiroshima: blancos, varones, jubilados y republicanos, es decir, *señores* gruñones como Clint Eastwood, la base electoral de Donald Trump; de ahí que este haya prometido el regreso a un pasado glorioso y restaurar el orgullo nacional. En gran parte, la derecha radical es un movimiento de hombres blancos enfurecidos contra de la igualdad social. Una vez más, economía y cultura están conectadas.

A LA BÚSQUEDA DE CHIVOS EXPIATORIOS

La economía no lo es todo cuando se trata de comprender el auge del nacionalismo radical, pues en este caso los factores económicos se entrelazan con los culturales. El denominador común entre el auge de la extrema derecha en Europa y la campaña presidencial de Trump es cómo ambas explotan la animosidad racial y la preocupación que genera la inmigración. Estos charlatanes prometen restaurar una serie de privilegios que algunos creen haber perdido; las conquistas sociales que otros han logrado parecen en realidad un empeoramiento relativo. La derecha radical se aprovecha de los temores de unos blancos por convertirse en una minoría y sus deseos por recuperar la centralidad política. Se presentan como estandartes de la clase obrera blanca, pero también como agentes de la riqueza y del éxito.

El racismo motiva ciertos comportamientos políticos, y esto tiene que aceptarse para poder enfrentar el problema. Estos movimientos funcionan haciendo hincapié en las divisiones existentes dentro de la clase trabajadora; prosperan creando un enfrentamiento entre los diferentes estamentos de la sociedad. Los inmigrantes y las minorías étnicas sirven de chivo expiatorio para una serie de males sociales: el crimen, la degradación de los servicios públicos, los mercados de trabajo débiles y la pérdida de valores tradicionales. Se explota el temor al otro para socavar la solidaridad social y para afianzar las jerarquías existentes. Los partidarios de Trump tienden a expresar actitudes negativas hacia los negros y otras minorías, y Trump, a su vez, canaliza y amplifica estos sentimientos.

El mecanismo clave es una lógica de exclusión, de un "nosotros" meritorio y de un "ellos" peligroso. La brecha entre el nativo y el extranjero es siempre la más fácil de explotar; al extranjero se le trata como a un indeseable e indigno, pero esto es solo el comienzo; podemos observar una jerarquía de la discriminación. Según las encuestas, el grupo que menos les gusta a los europeos es el de los rumanos[56], seguido de los musulmanes, los negros, los homosexuales y los judíos. Las diferentes categorías de discriminación se refuerzan mutuamente: discriminar a un grupo hace más fácil discriminar a otros. Paradójicamente, en 2007, el racismo exacerbado del grupo parlamentario Identidad, Tradición y Soberanía acabó con su presencia en el Parlamento Europeo, lo mismo que cuando la nieta de Mussolini[57] se refirió a los rumanos como "violadores habituales de la ley", que provocó que los protonazis rumanos abandonaran el grupo.

Las encuestas nos ayudan a presenciar en tiempo real el ocaso de la civilización. La inmigración se ha convertido en la preocupación principal para los europeos; a raíz de la entrada masiva de refugiados, la hostilidad hacia los migrantes va en aumento. Los distintos eurobarómetros[58] señalan una mayoría de europeos con una opinión negativa hacia la inmigración de fuera de la Unión Europea,

56. Rose Troup Buchanan (2015): "Europe's Least Tolerated Minorities", *The Independent*, 19 de noviembre, en http://www.independent.co.uk/news/world/europe/roma-gypsies-most-negatively-perceived-european-minority-group-survey-finds-a6740746.html
57. Ahora Mussolini es eurodiputada, dentro del grupo mayoritario de la derecha conservadora en Europa. Forma parte de la comisión responsable por los derechos civiles.
58. "What Do Europeans Think About Muslim Immigration?", *Chatham House*, en https://www.chathamhouse.org//node/27756 (consultado el 26 de febrero de 2017).

como en el caso de una gran parte de alemanes, griegos, franceses e italianos que apoya la prohibición de entrada de los inmigrantes musulmanes, o de los suizos, que votaron en referéndum a favor de restringir la entrada de inmigrantes. De manera similar, en Estados Unidos, los republicanos apoyaron abrumadoramente el veto a musulmanes de Trump. Aun así, este no es el peor prejuicio de los republicanos: una encuesta de junio de 2016 arrojaba que muchos republicanos pensaban que Obama simpatizaba con grupos terroristas como ISIS[59].

El miedo a una entrada masiva de inmigrantes no tiene base real. En toda Europa, la gente sobreestima la cantidad de migración que realmente se ha instalado en los diferentes países. Italia está a la cabeza: un 7% de la población son inmigrantes, pero la gente piensa que suponen casi un tercio de la población[60]. Cuando se trata de los musulmanes, este prejuicio está especialmente acentuado. En Francia y Bélgica, donde representan el 8% y el 6% de la población, respectivamente, los encuestados estimaron que representaban el 31% y el 29%. Los demagogos alimentan los temores de la gente con base en mentiras, y se apoyan en una vuelta a la tradición y a un pasado glorioso para fomentar la discriminación.

EXCUSAS PARA LA DISCRIMINACIÓN

En Escandinavia, la derecha radical ha adoptado una actitud de chovinismo de bienestar. Se culpa a los migrantes de la disminución de los niveles de vida y su exclusión

59. "Campaign 2016", en http://www.pollingreport.com/wh16.htm (consultado el 6 de julio de 2016).
60. Alberto Nardelli y George Arnett (2014): "Today's Key Fact: You Are Probably Wrong about Almost Everything", *The Guardian*, 29 de octubre, en https://www.theguardian.com/news/datablog/2014/oct/29/todays-key-fact-you-are-probably-wrong-about-almost-everything

parece la mejor manera de preservar el nivel de vida de los blancos. La llamada de la derecha radical a la discriminación se esconde tras un velo de solidaridad, pero una solidaridad limitada a una categoría exclusiva. Proteger el Estado de bienestar se ha convertido en la excusa perversa para negárselo a quienes más lo necesitan. Aquí convergen la incertidumbre económica y la animosidad racial.

La discriminación ahora se justifica con base en objetivos aparentemente progresistas, un fenómeno que se ha denominado "liberalismo intolerante[61], como, por ejemplo, la islamofobia disfrazada de feminismo. Pim Fortuyn, líder de una protoformación de la derecha radical, fue un pionero; combinó la crítica hacia los inmigrantes con una defensa de los valores seculares modernos (los derechos de las mujeres y de las personas LGBT). Según él, la segunda causa servía para legitimar la primera. Por su parte, Marine Le Pen, cuyo padre dijo que las cámaras de gas eran un detalle insignificante de la historia, se presenta descaradamente como un modelo de laicidad francesa contra la amenaza islámica.

La misma hipocresía se puede ver en el debate sobre el velo islámico, incluso en lugares donde apenas está presente. Un puñado de hombres blancos de repente tiene opiniones muy versadas sobre cómo deben vestirse las mujeres musulmanas; se han arrogado el papel de la policía de la moda en nombre de la libertad. Y este proceso culmina con hombres armados atosigando a mujeres vestidas con burkini en la playa. Se está produciendo una falta de solidaridad, con la discriminación desplegándose como una reacción en cadena.

La explotación de diferencias culturales ayuda a consolidar una nueva coalición reaccionaria. Lo que los une es

61. Ben Margulies (2015): "How The European Far Right Uses The Dark Side Of Liberalism", *Social Europe*, 11 de diciembre, en https://www.socialeurope.eu/2015/12/how-the-european-far-right-uses-the-dark-side-of-liberalism/

una falta de solidaridad hacia los demás y una pérdida de voluntad redistributiva que se deleita con su crueldad y donde los privilegiados se benefician (los hombres frente a las mujeres, la tercera edad frente a los jóvenes, los nacionales frente a los extranjeros, los blancos frente a los no blancos) a costa de los menos privilegiados. Las diferentes formas de discriminar se combinan buscando el beneficio de los hombres blancos ricos en particular, y en detrimento de todos los demás.

El objetivo de la extrema derecha populista es radicalizar los valores de las sociedades; buscan normalizar la discriminación, lo que significa que la lucha también debe llegar al plano cultural. Combatir su discurso discriminatorio es necesario, pero insuficiente. La retórica de la derecha radical va más allá de la discriminación pública, ya que también prometen un retorno a la grandeza, la restauración del orgullo y un restablecimiento del control.

RECUPERANDO EL CONTROL

Tras el referéndum del Brexit, Boris Johnson explicó, de manera hipócrita, que la razón principal del voto habían sido las ganas de recuperar el control. Argumentó: "Se dice que los que votaron por el *Leave* lo hicieron principalmente preocupados por la inmigración. No creo que fuera así... la cuestión principal fue el control". Pero el deseo de recuperar el control no es incompatible con el deseo de restringir la entrada a los inmigrantes. "Recuperar el control" promete la posibilidad de tener el poder de decisión sobre las fronteras, sobre la economía y sobre el futuro nacional. Si los banqueros franceses o médicos españoles tienen que ser expulsados del país junto con los fontaneros polacos, que así sea.

La integración requiere del desarrollo de una confianza generalizada y, a su vez, de un sentimiento de optimismo y de control. Los que votaron por el *Leave* compartían su pesimismo en el futuro, además de su desconfianza hacia las opiniones de los expertos, incluso de los meteorólogos. En Estados Unidos, los blancos son mucho menos optimistas que los negros y los hispanos sobre el futuro económico[62]. La reacción se caracteriza por una sensación de pérdida de control y de optimismo, lo que intensifica aún más la pérdida de la confianza en el sistema.

La sensación de pérdida de control es generalizada, y no es solo una percepción, sino una realidad con una doble expresión. Por un lado, individualmente: las personas sienten que han perdido la autonomía sobre sus propios destinos en un mundo complicado. Por otro, colectivamente: unos grupos sienten que sus estados han perdido el poder de decidir sus propios destinos. La democracia ya no puede conducir eficazmente las preferencias del electorado y, de esta manera, las fuerzas soberanistas ganan influencia por toda Europa, unidas en su lucha de ser diferentes. Recuperar la soberanía es su estandarte.

El pulso por la soberanía no se limita al discurso de la derecha radical, sino que es una demanda compartida por el Movimiento 5 Estrellas en Italia, Podemos en España o Syriza en Grecia. Los nacionalistas de Cataluña, Flandes y Escocia promueven reivindicaciones similares. Bajo el disfraz del "América primero" se reactivan las tendencias aislacionistas y unilateralistas estadounidenses. Este llamamiento a una mayor soberanía funciona como un placebo para las demandas frustradas de más democracia; ofrece una solución fácil en un mundo de interdependencias complejas.

62. Ben Casselman (2016): "Why Are White People So Pessimistic About The Economy?", *FiveThirtyEight*, 10 de junio, en http://fivethirtyeight.com/features/for-blacks-and-hispanics-the-economic-glass-is-still-half-full/

REPLIEGUE NACIONAL O INTEGRACIÓN DEMOCRÁTICA

Según el "trilema" de la economía mundial de Dani Rodrik, no es posible lograr una profunda integración económica, mantener la soberanía del Estado-nación y conservar la política democrática. Solo se puede optar, como mucho, por dos de esos tres elementos. El mundo actual es de una integración profunda y de estados-nación aún fuertes a costa de la política democrática. Los soberanistas que desean deshacer la globalización y regresar a la era del control democrático sobre el Estado-nación. Están ofreciendo soluciones del siglo XIX para los problemas del siglo XXI.

El soberanismo tiende al populismo y viceversa; son dos caras de la misma moneda. Por un lado, los populistas dicen hablar en nombre del pueblo contra unas elites corruptas que frustran la voluntad nacional. Por otro, en el plano interno, la política se simplifica, se rechaza el pluralismo y se ignoran las contradicciones. O quieres echar a los delincuentes o te conviertes en su títere. El *establishment* nacional colabora, por supuesto, con unas elites internacionales; donde termina el análisis estructural, comienzan las teorías conspirativas, y encontramos claros ejemplos en los burócratas de Bruselas, los Gnomos de Zúrich, los Bildeberg, el Nuevo Orden Mundial, George Soros, los Rothschild, los globalistas: alguien está manipulando las cuerdas detrás del telón.

Los defensores del *statu quo* han tratado de reducir el combate a un enfrentamiento entre los defensores de un mundo abierto y los defensores de las sociedades cerradas, lo que pretende vincular de forma oportunista los destinos del neoliberalismo y de la globalización. Si te gusta la democracia liberal y no odias a los inmigrantes, te explican que deberías estar a favor de la libre circulación de los capitales. Pero el componente más problemático de la globalización neoliberal no es la interconexión mundial, sino el neoliberalismo. La gente buscará respuestas proteccionistas en ausencia de mecanismos adecuados de control democrático.

Tenemos ejemplos de cómo funciona esto; por ejemplo, la Casa Blanca prometió publicar una lista semanal de crímenes cometidos por inmigrantes. Convertir a los extranjeros en chivos expiatorios y apostar por unos controles más estrictos de las fronteras van de la mano. Si no se ponen medios, este impulso continuará creciendo: se ve claramente en la promesa de la construcción de un muro en la frontera con México y en la prohibición de la entrada de musulmanes; también impulsa la consolidación de "Fortaleza Europa", o conduce a los centros de detención australianos asociados con "la Solución del Pacífico". En fin, se burla del epíteto "mundo libre".

Un mundo de muros es inherente al proyecto de la derecha radical. Esta respuesta instintiva tiene un gran poder seductor, aunque solo proporcione una respuesta superficial al asunto de la migración. Estados Unidos quintuplicó su gasto en seguridad fronteriza y triplicó la vigilancia; sin embargo, estas medidas no lograron restringir los flujos[63]. Pero el hecho de que las soluciones restrictivas no funcionen no disuade a sus defensores.

El Muro de Berlín ejemplificaba el control soviético, donde las armas apuntaban a cualquiera que intentara salir. El peligro actual es que el Primer Mundo dirija cada vez más sus armas hacia cualquiera que intente entrar. Ahora hay setenta muros fronterizos en el mundo[64], frente

63. Philippe Legrain (2007): *Immigrants: Your Country Needs Them*, Princeton, NJ, Princeton University Press.

64. Reece Jones (2016): "Death in the Sands: The Horror of the US-Mexico Border", *The Guardian*, 4 de octubre, en https://www.theguardian.com/us-news/2016/oct/04/us-mexico-border-patrol-trump-beautiful-wall

a los 15 de 1989. Esta fórmula responde a la sensación generalizada de una pérdida de control que triunfará por defecto en ausencia de un régimen democrático de integración europea y global.

LA NECESIDAD DE UNA ALTERNATIVA

Vivimos en un régimen de austeridad que perpetúa el estancamiento económico y frustra cualquier aspiración, que es incapaz de ofrecer oportunidades y seguridad a una escala suficiente; está impuesto por los gobernantes conservadores, pero es secundado por los socialdemócratas y los liberales, y, además, crea las condiciones para que se cuestione el *statu quo*. Pero las elites se han atrincherado, formando grandes coaliciones defensivas. En la ausencia de alternativas económicas, el conflicto tenderá hacia un choque de identidades.

La combinación del desencanto, desengaño, desafección y disgusto de los votantes con la política crea el laboratorio perfecto para los populistas. Su atractivo reside en la insatisfacción con el *statu quo*. Ya no sirve que las cosas se sigan haciendo como siempre. La derecha radical, en particular, es capaz de canalizar y sacarle rédito de las incertidumbres culturales y de las económicas y para ello proporciona soluciones fáciles a los ciudadanos que tienen la sensación de haber perdido el control de sus propios destinos.

Los partidos que tratan de lidiar con el auge de la derecha radical copiando su retórica cometen un doble error; en cierto modo, legitiman el discurso y, como consecuencia, la derecha radical sale fortalecida; desperdician además la oportunidad de abogar por un camino diferente. Si se quiere detener la reacción, se tiene que rechazar la lógica de que no hay alternativa.

La derecha radical abre camino a un mundo con más discriminación, menos libertad, más militarización y menos apertura. Ofrecen chivos expiatorios y la posibilidad de la renovación nacional. Pregonan el fin de la era de la globalización neoliberal, pero amenazan con reemplazarla con algo mucho peor. Su presencia señala que ha llegado el momento de proponer alternativas.

Deben abordarse las preocupaciones económicas que alientan la reacción; debe hacerse frente a la retórica de la discriminación, y debe reconducirse el deseo de control. La esperanza debe recuperarse construyendo desde las ruinas del viejo orden. El futuro necesita ser reinventado para que los países ricos sientan que tienen un cometido. En definitiva, el obsoleto proyecto del Primer Mundo necesita nuevos cimientos.

CAPÍTULO 3

SEGURIDAD ECONÓMICA PARA TODOS

> Hemos llegado a una comprensión clara del hecho de que la verdadera libertad individual no puede existir sin la seguridad económica y la independencia. Los hombres que están necesitados no son hombres libres. Las dictaduras se hacen a base de personas que tienen hambre y están sin trabajo.
>
> Franklin Delano Roosevelt

> ¿Cuál es tu definición de la verdadera libertad? No hay verdadera libertad sin libertad económica.
>
> Kanye West

Por todo el mundo, la gente está siendo castigada por tener mala suerte; por no haber nacido en el momento idóneo, en el lugar correcto o con los padres adecuados. Sin protección suficiente, se encuentran a la intemperie, expuestos al frío y cortante viento del mercado. Están preocupados por un futuro sobre el que sienten no tener suficiente control. Les angustia que sus niveles de vida puedan decaer aún más. Aquellos que han probado la prosperidad luchan por conservarla. Las clases medias satisfechas son maleables y complacientes, pero las asustadas son una fuente de problemas.

Quienes tienen algo que perder son mucho más peligrosos que aquellos a los que no les queda nada; y los trabajadores actuales tienen mucho más que perder aparte de sus cadenas. La gran ciudad está salpicada de vagabundos, recordatorios visibles de que es posible perderlo todo, incluso el techo sobre nuestras cabezas. Se gastaría mucho menos dinero en proporcionar un hogar a los sin techo de lo que se gasta invirtiendo en albergues que, además de estar saturados, son peligrosos e insalubres; pero entonces estos sin techo dejarían de actuar como una advertencia, no estarían ya allí *pour encourager les autres*. Su función es contribuir a que se mantenga un estado de ansiedad generalizada.

La precariedad, y la pobreza en general, se autoperpetúan. La escasez genera escasez, lo cual es malo para la toma de decisiones, pues la pobreza impone restricciones a la mente. Hace mucho más difícil la planificación a largo plazo. En todas partes, los pobres se caracterizan por tener muchas menos coberturas y menos margen para lidiar con los golpes adversos. Las necesidades inmediatas desplazan lo demás. Cuando incluso las decisiones más pequeñas pueden suponer cambios dramáticos, decidir se vuelve agotador. Allá donde hay inseguridad, se desperdicia el potencial humano, lo cual perjudica tanto a los individuos afectados como a la sociedad en su conjunto. Somos colectivamente más pobres y menos libres por no proteger lo suficiente a todos los individuos. Todo el mundo merece un trato justo.

Mozart era ya hijo de un músico profesional. Miley Cyrus tuvo su oportunidad gracias a ser la hija de Billy Ray. ¿Cuántos Mozarts y Mileys en potencia hay ahí fuera que nunca tendrán la oportunidad de brillar debido a sus orígenes? Es más fácil prosperar sobre una base sólida. El pesimismo no es bueno para generar creatividad. Una buena red de seguridad es la condición previa del éxito generalizado; permite a las personas perseguir oportunidades que de otro modo no tendrían. La seguridad social ayuda a amortiguar los inevitables golpes que la vida nos depara. En definitiva, es mucho más fácil arriesgarse al fracaso si tienes donde caer. El desarrollo pleno de las capacidades humanas requiere una base material.

Este capítulo aborda la cuestión de la seguridad económica: qué significa y cómo lograrla. Examina el futuro del trabajo, del bienestar y de la vivienda. Trata también sobre la necesidad de mayores niveles de redistribución, que tendrían que sufragarse con impuestos más altos, especialmente para los ricos. No se puede llegar a los niveles de bienestar de Dinamarca con los niveles de ingresos de España. El capítulo se centra asimismo en la riqueza y en sus orígenes: la distribución de la riqueza y la del poder están relacionadas. Todo el mundo merece un nivel de vida decente, pero, para llegar a esa situación, algunos tendrán que dejar de aferrarse a lo que ya tienen. Además, tampoco merecen quedárselo si el objetivo es la emancipación universal.

LIBRE PARA ELEGIR

"Ya sabes lo que pasó cuando Hitler fue rechazado de la escuela de arte", me dijo una vez una camarera austriaca, "deberían dejar entrar allí a todo el mundo". No sabemos cómo se comportaría la gente si no tuviera que lidiar con la inseguridad económica, ya que nunca se ha probado. Lo que el sentido común nos dice es muy sencillo: la gente sería mucho más feliz si su día a día fuera menos frustrante. Si no tuvieran que soportar una letanía de pequeñas humillaciones, se fraguarían menos déspotas. A nadie le preocupa la posibilidad de que unos hippies se sumen a un movimiento reaccionario[65]; son demasiado tranquilos para eso.

La codicia, el miedo, la competencia y la incertidumbre radical están en el corazón del modelo capitalista[66]. La manera obvia de poner fin a las presiones más extremas de la economía contemporánea sería garantizar a todos un nivel de vida decente. Parte del antídoto contra la derecha radical es un programa de seguridad económica para todos, un proyecto para garantizar la libertad humana. Se

65. Ya desaparecidas las brigadas rojas, *the weathermen* y movimientos semejantes.
66. Wolfgang Streeck (2016): *How Will Capitalism End?: Essays on a Failing System*, Londres, Verso.

trata de liberar a la gente para que tengan la capacidad de ser ellos quienes rechacen a los empleadores y evitar así situaciones de explotación. Implica que las personas puedan vivir la vida a su antojo, sin tener que preocuparse constantemente por cómo llegar a fin de mes. Después de todo, ser el jefe de uno mismo es un deseo generalizado.

En términos coloquiales, esta situación se conoce en inglés como tener "*fuck you money*"; en términos más educados, podríamos llamarlo "independencia financiera". La seguridad económica, el fin de la dominación y la libertad de elegir cómo vivir la vida van de la mano. Quienes son ricos por herencia ya lo tienen, los principales profesionales lo quieren y todo el mundo lo merece. Convertir esto en una realidad implica una redistribución masiva de la riqueza y, con ella, una redistribución masiva del poder.

¿QUÉ DETERMINA LA SEGURIDAD ECONÓMICA?

El 8 de octubre de 1976, el primer ministro de Suecia, Olof Palme, dejó el cargo. Dio paso a una coalición de centro-derecha que ponía fin a cuarenta años de gobierno socialdemócrata ininterrumpido. De forma impecablemente oportuna, ABBA lanzó el sencillo *Money, Money, Money* un mes más tarde. En dicha canción describían la realidad de manera sucinta: "Todas las cosas que podría hacer / Si tuviera un poco de dinero / Es un mundo de hombres ricos". El declive del Estado de bienestar y el alza del dinero van juntos. Cuanto más débil sea la red de seguridad social, más recae sobre los individuos —y sobre sus carteras— la tarea de lidiar con las recesiones económicas y cubrir las necesidades básicas.

La forma en la que se cubren las necesidades básicas de las personas determina cómo de lejos puede llegar cada individuo con sus propios ingresos. Sin planes de salud pública universal, los enfermos y la gente mayor no podrían comprar seguros médicos. Cuando los precios de la vivienda suben, no basta con las ayudas para pagar el alquiler. Cuando se desregula el precio de la educación postsecundaria, las becas pequeñas no sufragan los gastos de los estudiantes pobres. Los sistemas de bonos no serán una manera efectiva de proveer el cuidado infantil universal para criaturas de entre 0 y 3 años. Sin mecanismos de control, los mercados de provisión de bienes básicos (como la salud, la educación o la vivienda) generan unos costes que crecen sin medida.

Depender solamente del dinero puede salir muy caro. Pensemos en cómo comienza la serie *Breaking Bad*, que tiene lugar en Nuevo México. A Walter White, un profesor de química de instituto —profesión de clase media—, le diagnostican un cáncer, por lo cual decide empezar a cocinar metanfetamina para poder pagar su tratamiento y asegurar el futuro económico de su familia. El chiste es que, si hubiera vivido en Canadá, no habría habido serie. Walter White podría simplemente haber entrado en un hospital público y habría tenido acceso a cuidados médicos gratuitos.

Dentro del mundo rico, carecer de una sanidad pública universal ha sido durante mucho tiempo una característica prácticamente exclusiva de Estados Unidos. También es el único país industrializado que no tiene un mínimo de vacaciones pagadas ni un permiso por paternidad universal. En lugares como Suecia, Dinamarca y la mayoría de los *Länder* alemanes, la universidad es gratuita. Mientras tanto, algunas de las tasas de matriculación de Estados Unidos son de las más altas del mundo. Viena es una de las ciudades con mejor calidad de vida del mundo y el 60% de sus viviendas son públicas o subvencionadas. Una gran cantidad de viviendas asequibles es una alternativa viable a un modelo basado en la vivienda en propiedad. Incluso el coche tiene su equivalente dentro del Estado de bienestar: buenas redes de transporte público que hacen que sea fácil y barato desplazarse.

La seguridad económica es una meta, no una política en concreto. Lograrla depende de una mezcla de buenos empleos, un Estado de bienestar robusto y acceso a viviendas asequibles. Estas categorías son complementarias, pero también funcionan como sustitutos. Existe una variedad de fórmulas para lograr las aspiraciones de la clase media. En Europa, el Estado de bienestar proporciona un salario social cuya cuantía varía según el país. El modelo estadounidense, sin embargo, depende más del mercado laboral que otros países.

¿QUÉ PASA CON EL PLENO EMPLEO?

Como dijo Ronald Reagan, erróneamente, "el mejor programa social es un trabajo". El modelo americano actual mantiene un fuerte vínculo entre el trabajo remunerado y la seguridad económica. Pero la visión de que la seguridad económica emana del trabajo se basa más en criterios ideológicos que en la realidad. Los orígenes de los mercados laborales capitalistas presenciaron cómo los obreros se veían obligados a vender su fuerza de trabajo para evitar la más absoluta hambruna. El trabajo remunerado se desarrolló a partir de la necesidad. Aquella era una época en la que alguien como Voltaire consideraba que el trabajador "debía trabajar espoleado por el hambre". En el Chicago del siglo XIX, unos obreros radicales razonaron que, una vez que la esclavitud formal había sido abolida, era el momento de abolir también la esclavitud salarial. El empleo remunerado (allí donde lo había) no estaba diseñado para garantizar un nivel de vida adecuado. Por lo tanto, el pleno empleo con sueldos decentes es una anomalía histórica.

De acuerdo con el modelo más simplista, los salarios se ajustan para producir un equilibrio entre la oferta y la demanda de mano de obra, por lo que la solución para el desempleo es que los salarios bajen. Dentro de este marco, que haya pleno empleo es incompatible con que todo el mundo tenga una vida decente. La existencia de trabajadores que viven por debajo del umbral de la pobreza es un signo de eficiencia económica. La cantidad de empleos se maximiza mediante salarios mínimos insuficientes.

Alemania, el motor de Europa, tiene un nivel de empleo récord. Pero cerca de uno de cada cinco trabajadores alemanes tiene lo que se conoce como un *mini-job*[67], posiciones precarias que implican ingresos de apenas 450 euros al mes. En Estados Unidos, los mercados de trabajo se recuperaron de la crisis antes que en Europa. No obstante, uno de cada siete estadounidenses se ve en la necesidad de acudir a bancos de alimentos y dos de cada tres afirman que les resultaría difícil reunir mil dólares en caso de tener una emergencia[68]. El Reino Unido también se recuperó de la crisis de empleo antes que la zona euro. Allí, los salarios reales eran más bajos en 2015 que en 2008, y la mitad de los hogares poseen una riqueza neta que está por debajo de las 5.000 libras[69]. Cada vez en mayor medida, los mercados de trabajo, aunque

67. "'Mini-Jobs' Don't Work in Germany, and They Won't Work in Britain", *The Guardian*, 21 de agosto de 2012, en https://www.theguardian.com/commentisfree/2012/aug/21/mini-jobs-germany-britain
68. Alan Bjerga: "Food Stamps Still Feed One in Seven Americans Despite Recovery", *Bloomberg.com*, en http://www.bloomberg.com/news/articles/2016-02-03/food-stamps-still-feed-one-in-seven-americans-despite-recovery (consultado el 5 de julio de 2016); Ken Sweet y Emily Swanson: "Two-Thirds of U.S. Would Struggle to Cover $1,000 Crisis: Poll - The Globe and Mail", en http://www.theglobeandmail.com/report-on-business/international-business/us-business/two-thirds-of-us-would-struggle-to-cover-1000-crisis-poll/article30092827/?cmpid=rss1&click=sf_globefb (consultado el 5 de julio de 2016).
69. Tim Nichols (2016): "Real wages still worth £2,270 less than in 2008, according to new TUC analysis", *TUC*, 22 de enero, en https://www.tuc.org.uk/economic-issues/labour-market-and-economic-reports/labour-market/economic-analysis/real-wages-still; "Chapter 5: Financial Wealth, Wealth in Great Britain, 2012 to 2014 - Office for National Statistics", en https://www.ons.gov.uk/peoplepopulationandcommunity/personalandhouseholdfinances/incomeandwealth/compendium/wealthingreatbritainwave4/2012to2014/chapter5financialwealthwealthingreatbritain-2012to2014 (consultado el 11 de julio de 2016).

supuestamente eficientes, se traducen en salarios bajos y estancados, así como en un creciente nivel de deuda.

España llegó a su décimo año de crisis económica en 2017. Un economista de alto rango del PSOE sostuvo recientemente que la principal prioridad del partido debería ser lograr el pleno empleo para el año 2025. Instó a tener paciencia (o sosiego) durante ocho años más. A largo plazo, estaremos todos muertos. A corto plazo, si todo lo que un partido obrero puede ofrecer es un término medio entre los malos trabajos con malos salarios o el desempleo, que se prepare para perder las elecciones de forma estrepitosa. Esperar dos décadas para que el mercado vuelva a su equilibrio no es tanto una estrategia como una rendición política. Y en cualquier caso, los trabajos por sí mismos no son suficientes para garantizar la seguridad económica para todos. Nunca lo fueron y nunca lo serán. Siempre se han necesitado protecciones sociales complementarias.

La situación puede ir a peor. La presión a la baja sobre los salarios va a mantenerse. Mientras que las economías ricas estén abiertas a la competencia del exterior, la mano de obra barata podrá socavar los sectores domésticos menos cualificados. A pesar de que China muestra signos de haber agotado su gigantesca reserva laboral, no es este el caso para el mundo en su conjunto. Otras fuentes de mano de obra barata siguen estando por explotar en distintas partes de Asia y África. Del mismo modo, los trabajadores seguirán enfrentándose a las presiones derivadas de la automatización. Al fin y al cabo, las máquinas no dejan de ser mano de obra barata con otro nombre. Ya en la estela del Brexit, se ha sugerido que los robots podrían reemplazar a los inmigrantes. Para los que ocupen los peores puestos, el futuro de los mercados de trabajo es que primero[70] los traten como si fueran drones, para que

70. Lynsey Hanley (2016): "High Status, High Income: This Is Britain's New Working Class", *The Guardian*, 3 de julio, en https://www.theguardian.

finalmente los drones los sustituyan. Por si esto fuera poco, el declive de los sindicatos deja a los trabajadores cada vez más indefensos.

EL FUTURO PRECARIO Y SOMBRÍO DEL TRABAJO

Echar un vistazo a los mercados de trabajo es más que suficiente para no confiar en ellos. Cuando se erosiona la red de seguridad social, la precariedad es especialmente dura. Para aquellos que no consiguen llegar a las ciudadelas protegidas de la clase media, la realidad parece cada vez más sombría. Estos *outsiders* pertenecen a lo que Guy Standing ha denominado "el precariado". Se enfrentan a una menor protección social y a unos trabajos que son cada vez son más flexibles y mucho menos seguros. El precariado se ve afectado por ingresos bajos, empleos temporales e inseguros y horarios irregulares. A estos trabajos insatisfactorios y carreras inestables se les une, además, una falta de autonomía. El precariado va a la vanguardia de la realidad de una clase media en descomposición.

El peor tipo de precariedad dentro del mercado laboral es no tener ningún trabajo. El desempleo supone una tragedia para las personas que se encuentran en esta situación, y también ayuda a empeorar los salarios y las condiciones para todos los demás. Una tasa de paro alta supone el inicio de una rápida y devastadora caída en picado de las condiciones laborales. El conjunto de los trabajadores carece de poder de negociación cuando existe un ejército industrial de reserva que está desesperado por trabajar. En 2013, cuando se inauguró un nuevo Ikea en Valencia, su web se colapsó al recibir más de 20.000 solicitudes para cubrir 400 puestos. A pesar de que la prensa española señaló que

com/commentisfree/2016/jul/03/high-status-high-income-britains-new-working-class era más difícil entrar en Ikea que en Harvard, aquel no fue un caso aislado. En 2012 se postularon 1.701 personas para ocho puestos de trabajo en una cafetería en Nottingham, Reino Unido[71]. Del mismo modo, en 2011 más de un millón de personas enviaron solicitudes para uno de los 62.000 puestos de trabajo ofertados por McDonald's, remunerados con el salario mínimo en Estados Unidos[72].

Cuanto más precarios sean los trabajadores, más fácil será para los empleadores contratar a nuevos trabajadores con contratos a su vez precarios. Los empleadores siempre pueden encontrar a alguien más desesperado. El aumento de la temporalidad (y la amenaza del desempleo) ayuda a mantener a raya a la fuerza de trabajo.

Los líderes empresariales no tienen ningún interés en el pleno empleo, pues en condiciones de escasez de mano de obra es más fácil para los trabajadores exigir aumentos salariales, lo cual lastra los beneficios. En lugar de ello, se trata cada vez más a los trabajadores como si fueran desechables, como un coste fijo abstracto que se puede someter a cualquier indignidad. La mano de obra barata significa que los empleadores apenas tienen incentivos para mejorar la productividad, contribuyendo de esta manera al estancamiento económico. Juan Rosell, presidente de la CEOE, llegó a afirmar que los empleos permanentes y seguros eran "un concepto del siglo XIX". Lo que quería decir es que pronto los trabajadores no gozarían de ninguna protección. Dicho de otra forma, volverán a las condiciones del siglo XIX.

Podríamos aquí recordar aquella ocasión en que una madre soltera de tres hijos le espetó a George W. Bush su

71. Martin Ford (2015): *Rise of the Robots: Technology and the Threat of a Jobless Future*, Nueva York, Basic Books.
72. Leslie Patton: "McDonald's Hires 62,000 in U.S. Event, 24% More Than Planned", *Bloomberg.com*, en http://www.bloomberg.com/news/articles/2011-04-28/mcdonald-s-hires-62-000-during-national-event-24-more-than-planned (consultado el 8 de julio de 2016).

situación en 2005. Cuando se quejó de que tenía tres puestos de trabajo, la respuesta de Bush fue alabar su "patriotismo": "Eso es singularmente americano, ¿no? Quiero decir, es fantástico que estés haciendo eso". Pero los trabajadores empujados al límite para llegar a fin de mes no son una anomalía; se está convirtiendo en la premisa básica de cómo funcionan las cosas en los países ricos. El 60% del crecimiento del empleo en la OCDE desde los años noventa ha tomado la forma de trabajos no convencionales[73]. En Toronto, menos de uno de cada dos trabajadores tiene un empleo estable[74]. Y Toronto es la capital económica del país del G-7 que mejor resistió la crisis financiera mundial. La americanización de los mercados laborales del Primer Mundo conduce a la "brasilificación" de sus sociedades.

En términos netos[75], todo el crecimiento de empleo en Estados Unidos durante la última década se ha producido a través de fórmulas alternativas de trabajo. El aumento de los trabajadores autónomos indica que los mercados de trabajo son cada vez más incapaces de garantizar buenos empleos en todos los ámbitos. La emergente *gig economy* (economía del bolo) es a menudo celebrada por los optimistas de Silicon Valley como un nuevo modelo de eficiencia e innovación. Esta visión panglosiana no se corresponde con la realidad. Los mercados están obligando a las personas a llevar a cabo una serie de adaptaciones incómodas. La subcontratación y las nuevas formas de trabajo inseguro, como los contratos *zero-hour* ("de cero horas", con los que los trabajadores

73. OECD (2015): *In It Together: Why Less Inequality Benefits All*, Organisation for Economic Co-operation and Development, París, en http://www.oecd-ilibrary.org/content/book/9789264235120-en

74. "The Precarirty Penalty", *Poverty & Employment Precarity in Southern Ontario*, 21 de mayo de 2015, en https://pepso.ca/2015/05/21/new-report-launched/

75. Lawrence F. Katz y Alan B. Krueger (2016): "The Rise and Nature of Alternative Work Arrangements in the United States, 1995-2015", 29 de marzo, en http://scholar.harvard.edu/files/lkatz/files/katz_krueger_cws_v3.pdf?m=1459290955

no saben de antemano cuándo van a trabajar o por cuántas horas) nos remontan a modelos de explotación laboral propios del pasado.

El contrato de cero horas del trabajador urbano es una reminiscencia del sistema latifundista, en el que unos pocos terratenientes concentraban toda la riqueza y el poder. Los jornaleros tenían que presentarse todos los días con la esperanza de obtener empleo esporádico y la oligarquía que controlaba las fincas contrataba y despedía a su antojo. Esta clase de acuerdos han sido durante mucho tiempo la realidad de los trabajadores migrantes latinoamericanos en el sur de Estados Unidos, pero pronto podría ser también el destino de los trabajadores con títulos universitarios de la ecomía del bolo. El número de trabajadores con contrato de cero horas se ha multiplicado por nueve en Reino Unido durante la última década, de 100.000 a más de 900.000.

Grandes segmentos de población dentro del precariado tienen lo que se conoce como *bullshit jobs* ("trabajos de mierda"). Se trata de trabajos que resultan inútiles, degradantes o alienantes, pero que también se convierten en necesarios para evitar la pobreza absoluta. La falta de satisfacción en el trabajo es algo endémico en nuestra economía. En Estados Unidos, solo un poco más del 30% de los trabajadores indicó que estaba comprometido con su trabajo[76]. Un exceso de trabajo (en empleos insatisfactorios) suele ir de la mano de un salario bajo, especialmente cuando la alternativa a tener demasiado trabajo es no tener ninguno en absoluto. El precariado es pobre en tiempo y también pobre en ocio. Y se les está apretando los tornillos aún más. El gobierno de Reino Unido sugirió recientemente que los pobres

76. Amy Adkins: "Majority of U.S. Employees Not Engaged Despite Gains in 2014", *Gallup.com*, en http://www.gallup.com/poll/181289/majority-employees-not-engaged-despite-gains-2014.aspx (consultado el 5 de julio de 2016).

debían trabajar 200 horas anuales más para compensar los recortes en sus beneficios.

Los mercados laborales son mecanismos para reproducir la desigualdad, no para aumentar la libertad. Los gobiernos tienen el poder de disminuir estos efectos porque pueden intervenir para aumentar los salarios mínimos, fortalecer la negociación colectiva y aplicar medidas de predistribución más ambiciosas. Sin embargo, dado el contexto de debilidad sindical, lograr avances salariales y laborales va a estar muy complicado.

Es hora de dejar de fingir que el empleo remunerado es el camino hacia la seguridad económica. No lo es para la mayoría de la gente. Rechazar esta ficción ideológica es el primer paso que se debe dar; el segundo es reaccionar en consecuencia. Es necesario cortar definitivamente el vínculo que relaciona el empleo remunerado con la seguridad económica: el primero nunca será suficiente para garantizar lo segundo. Subir los salarios mínimos sería positivo, pero insuficiente. Se necesitarán, por lo tanto, mecanismos de redistribución más generosos para ayudar a proteger a los trabajadores de las abrumadoras realidades del mercado. Además de ello, y como paso previo, harán falta también ciertos cambios culturales significativos.

¿QUIÉNES SON EN REALIDAD LOS PEREZOSOS?

La sociedad sigue funcionando sobre la base de la coerción. Se mantiene a raya a los trabajadores a base de amenazas económicas; se nos dice que las personas son intrínsecamente perezosas y que solo llevan a cabo el trabajo socialmente necesario si son obligadas a ello. Pero esto enmascara la existencia de una aberrante doble moral. Los ricos son libres para surfear todo el día sin que nadie los moleste. No solemos escuchar muchas quejas sobre esos banqueros jubilados que pasan sus días jugando al golf. Pero a los pobres, si no están ocupados limpiando baños o cambiando pañales, se les endosa un estigma moralizante.

Lo que tiene la riqueza es que permite a quien la posee hacer lo que quiera, lo cual incluye no hacer nada en absoluto. Los ricos logran la seguridad económica al escaparse del mercado laboral y vivir de las rentas. Los antiguos aristócratas, que vivían en hogares sostenidos por esclavos, despreciaban el trabajo. Unos coetáneos suyos algo más recientes, habiendo cambiado los esclavos por ejércitos de sirvientes domésticos, lo consideran poco refinado. Al menos, los novelistas rusos del siglo XIX exploraron la existencia vacía de los "hombres superfluos" que ocupaban la cima de un vano orden social. Sin embargo, hoy en día a los ricos ociosos se les suele dejar en paz.

En cambio, los pobres son continuamente acosados. La posibilidad de que quieran decidir cómo disponer de su propio tiempo genera pánico social. Los ricos saben que, si todo el mundo tuviera un nivel de vida mejor, sería mucho más difícil para ellos —si no imposible— encontrar sirvientes. Su ocio dejaría de ser tan generosamente subvencionado por el duro trabajo de otros. Las situaciones en las que mujeres pobres dejan a sus familias para cuidar a las familias de otros no ocurrirían sin el estímulo de la pobreza.

Los sectores de la sociedad que más se preocupan por la pereza potencial de los demás son aquellos que ya disfrutan del mayor bienestar. Niños de algún lugar lejano cosen su ropa. Agricultores extremadamente pobres cultivan el cacao con el que se hace su chocolate de lujo. Los camioneros soportan un tedio sin fin para llevarles lo que quieran y cuando lo quieran. Unos cocineros estresados les preparan su comida en los restaurantes y unos estudiantes estresados se la sirven. Cuando están en su puesto de trabajo, cuentan con subalternos que están a su total disposición. Mujeres inmigrantes cuidan de sus hijos y de sus padres. Su insistencia en que las personas serían perezosas si se lo pudieran permitir es el colmo de la hipocresía.

El argumento de que las personas se comportarían como sociópatas si no estuvieran forzados a trabajar por unos salarios miserables es de hecho un argumento propio de sociópatas. La gente no dejaría de repente de cuidar de los miembros de su familia o de ayudar a los amigos. Mejorar las condiciones no conduciría a la desaparición del trabajo duro, sino a su transformación. El trabajo no sería ya algo necesario para sobrevivir. En cambio, sería una oportunidad para que las personas socializaran, persiguieran sus intereses y contribuyeran a la sociedad. Sería la expresión de la libertad, no de su ausencia. Y la forma de convertir esta visión en una realidad es socializando los beneficios de los avances científicos.

ESCLAVIZANDO A LAS MÁQUINAS, NO A LOS SERES HUMANOS

Existe una larga tradición de pensamiento que trata de imaginar cómo las mejoras tecnológicas podrían conducir a una mayor prosperidad y menos trabajo. El anarquista Peter Kropotkin hablaba de los "esclavos de hierro que llamamos máquinas". La automatización contribuye a que los seres humanos puedan ahorrarse los trabajos más pesados; por ejemplo, la lavadora liberó a las amas de casa de miles de horas de tedio, y lo mismo ocurre con toda una gran cantidad de electrodomésticos. Liberan a los seres humanos —en su mayoría mujeres— de tareas onerosas que tienen que ser llevadas a cabo de algún modo. En muchas ocasiones, es un hecho lamentable que las máquinas reemplacen la mano de obra pagada, pues se pierden muchos empleos. Pero es magnífico cuando se hacen cargo de ese trabajo que no se paga en absoluto. Una visión utópica del futuro —el comunismo de lujo completamente automatizado[77] (*fully automated luxury communism*)— imagina un mundo de alta tecnología y prosperidad universal. En ese mundo, las máquinas liberarían a los seres humanos de trabajos inútiles y les otorgarían más tiempo libre.

Las visiones de este tipo comparten una creencia en común: en el futuro, nadie debería cargar con aquellos trabajos repetitivos que pueden ser realizados por una máquina. Hasta ahora, los beneficios de la tecnología han sido mal empleados. En lugar de servir para liberar a una proporción cada vez mayor de la población de obligaciones fatigosas, los beneficios han terminado en los bolsillos de un selecto grupo. En su obra titulada *Las posibilidades económicas de nuestros nietos*, escrita en 1930, John Maynard Keynes sugirió que aumentar entre cuatro y ocho veces la productividad durante el próximo siglo debería conllevar una semana laboral de quince horas. Hoy, a pesar de que ya casi hemos multiplicado por ocho la productividad, estamos aún muy lejos de la semana laboral de quince horas que sugería este economista. Todo ese crecimiento no se ha traducido en un aumento significativo de nuestro tiempo de ocio.

El reverso de que los robots generen la congelación de los salarios y la destrucción del empleo sería que aumentaran el poder adquisitivo y el tiempo libre. El camino hacia una sociedad decente incluirá una reducción del tiempo de trabajo, una mayor repartición del empleo y más trabajo a tiempo parcial que no sea precario[78]. Una gran parte de nuestro trabajo de cuidados se lleva a cabo en los mercados privados precisamente porque la gente no tiene suficiente tiempo para hacerlo por sí mismos. Mientras tanto, muchas personas desperdician su tiempo obligadas a estar sentadas delante de un ordenador

77. Nick Srnicek y Alex Williams (2015): *Inventing the Future: Postcapitalism and a World without Work*, Nueva York, Verso Books.

78. Consideremos la siguiente propuesta: cada año la semana de trabajo podría reducirse en una hora (con el mismo salario).

haciendo como que trabajan. Los viernes por la tarde no suelen ser muy productivos al fin y al cabo. Por otro lado, los países más productivos de Europa tienen ya horarios más reducidos.

La tecnología que sirve para ahorrar trabajo debería usarse para liberar a los seres humanos de modo que estos tengan más tiempo para sí mismos. El auge de los robots implica la posibilidad de acercarnos a la meta de la plena emancipación humana, que tendrá lugar cuando los seres humanos pueden dedicarse exclusivamente a la actividad que les hace sentirse realizados. Unas mejores políticas sociales podrían acercarnos a esa situación, pero en el fondo dependerá de unas luchas políticas concretas que determinarán cómo se reparte el excedente económico.

ENTONCES ¿POR QUÉ NO DAR DINERO A TODO EL MUNDO?

Las prestaciones económicas son las que mantienen a los parados fuera de la pobreza. Es a través de las pensiones como se garantiza cierto nivel de ingresos a la tercera edad (un sector de desempleados permanentes). A medida que las poblaciones vayan envejeciendo, una mayor proporción de la gente dependerá de estas prestaciones. Son también un mecanismo eficaz para eliminar la pobreza entre los niños, otro segmento de la población que está fuera del mercado laboral. Las ayudas directas pueden establecer un mínimo de ingresos. En los próximos años, grupos cada vez más numerosos de la población las necesitarán para compensar el deterioro de los mercados laborales.

La propuesta más seductora para lograr el objetivo de la seguridad económica es la renta básica universal (RBU). La RBU defiende la idea de que todos los ciudadanos (de ahí el "universal") deberían recibir incondicionalmente una cantidad de dinero desde el Estado.

¿Parte de la población carece de un ingreso mínimo?, pues el Estado se lo garantiza. Es tan simple como eso. Por sí sola, la RBU es un instrumento político muy basto que corre el riesgo de ser tratado como un remedio mágico. No se especifica cuál debería ser la cuantía de la ayuda: podría ser de cien euros mensuales, de mil o de cualquier otra cifra. Pero dicha cantidad es extremadamente importante. Cuanto más alta fuera, más útil sería para los individuos, pero también más difícil sería de financiar e implementar.

El surgimiento de la RBU como propuesta corresponde a la disminución en la capacidad de los mercados laborales a la hora de generar ingresos suficientes para un número suficiente de personas. Curiosamente, ha atraído el interés de los tipos de Silicon Valley, que están preocupados por la caída del poder adquisitivo de los consumidores. Los libertarios de derechas ven la RBU como una oportunidad para recortar de manera drástica el Estado de bienestar. Según su visión, se trataría de conceder a todos unos ingresos que podrían gastar como quisieran a cambio de la privatización de los servicios públicos. Los defensores progresistas de la RBU, por su parte, lo ven como un complemento al Estado de bienestar existente. No obstante, la RBU, igual que el resto de las ayudas económicas, no funciona en solitario. Las instituciones que componen el Estado de Bienestar no pueden quedar como unas meras transferencias. Puede que este sea un mundo de ricos, pero el dinero no es lo único que importa.

Paradójicamente, la forma de hacer una RBU más viable es hacer que sea menos necesaria. Cuanto mayor fuera el salario social, menos ingresos necesitarían las personas para sentirse seguras. Sin embargo, por muy tentadora que pueda resultar esta política, la transición hacia una RBU sería algo muy difícil. Para reducir esa dificultad, se podría sacrificar su universalidad o su incondicionalidad, otorgándola de acuerdo a una serie de factores, pero entonces no distaría mucho de las actuales ayudas. De hecho, muchos proyectos pilotos que se autodenominan como renta básica no son más que ayudas económicas. Y aunque estas políticas pueden ser positivas, no son una renta básica universal, ni sirven —al contrario que la RBU— para evitar la estratificación y la estigmatización asociadas a la actual beneficencia.

También podríamos comenzar con una RBU muy baja, pero entonces no serviría para alcanzar los elevados objetivos que le atribuyen quienes la proponen. Sin embargo, las transferencias directas de ingresos (o algún sucedáneo, como un impuesto negativo sobre la renta) serán cada vez más necesarias para compensar una economía plagada de trabajadores precarios. Aunque deban ser implementadas, no servirán como panacea contra todos los males de la sociedad. Lograr la seguridad económica universal requerirá una gama mucho más completa de intervenciones institucionales. La desmercantilización del trabajo depende de la desmercantilización de todo lo demás.

FORTALECIENDO Y EXPANDIENDO EL ESTADO DE BIENESTAR

En 2004, Tommy Douglas, fundador del Partido Socialista de Canadá (ahora el socialdemócrata NDP) fue votado como el mejor canadiense de todos los tiempos. Derrotó a una leyenda del hockey sobre hielo, al inventor del teléfono, al codescubridor de la insulina y a tres ex primeros ministros. Douglas es conocido como el padre del Medicare, el sistema de sanidad pública universal canadiense. Allá donde existe, la salud pública es una institución colectiva a la cual la gente se siente fuertemente vinculada. Es la joya de la corona del Estado de bienestar. La alternativa es, a menudo, entrar en quiebra si te pones enfermo, o morir por carecer del dinero necesario para pagar un tratamiento. En Estados Unidos, casi la mitad de las quiebras se deben a problemas médicos. El Estado de bienestar es la expresión institucional de la solidaridad entre la ciudadanía. Desde la cuna hasta la sepultura, la seguridad social contribuye a la paz mental y a la seguridad económica.

Reivindicar los servicios públicos ya no está muy de moda. Últimamente se tacha el Estado de bienestar de burocrático, ineficiente y antipático, mientras que el sector privado se presenta como flexible, eficiente y barato. Para colmo, la crisis —o el estancamiento— sirve de excusa para desmantelar el sector público. La "consolidación fiscal" es el eufemismo utilizado para describir una política de austeridad. En términos prácticos, significa recortes en el presupuesto. En consecuencia, la calidad del sector público, del cual depende la mayoría de la población, se deteriorará. Si necesitas una prótesis de cadera, tendrás que pasar más tiempo conviviendo con el dolor debido al aumento en las listas de espera. Si eres una madre primeriza, es posible que te envíen de vuelta a casa el mismo día del parto. Si vas a un hospital para ser atendido, quizás acabes hacinado en un pasillo. Es posible que los medicamentos capaces de salvar vidas dejen de estar a tu disposición. Los esfuerzos heroicos del personal médico y de enfermería que viven este día a día es lo único que nos protege de la política de recortes y del consecuente colapso sistémico.

Será difícil lograr sociedades más igualitarias sin más gasto social; no puede haber seguridad económica para todos sin un Estado de bienestar fuerte. El Estado de bienestar no solo debe ser defendido, sino ampliado en los sitios donde permanece subdesarrollado. Países que, como España y Canadá, tienen un sector público infradesarrollado, pueden todavía aspirar a ser como los suecos siempre y cuando redistribuyan más y mejor. La lucha por aumentar el gasto social cobra especial importancia en un contexto de contención salarial, y los programas universales son el antídoto contra la desconfianza y el estigma provocados por las prestaciones selectivas, como relata de forma magnífica Ken Loach en *I, Daniel Blake*.

El candidato más obvio para una mejora es el sector del trabajo de cuidados. Por sí mismo, el mercado nunca creará un número adecuado de buenos empleos relacionados con el cuidado de los niños, los enfermos y las personas mayores. Cuántos puestos de este tipo existen y en qué condiciones se encuentran depende de la voluntad social. En países como Noruega, Suecia y Dinamarca, casi el 30% de la población trabaja en la sanidad, la educación y los servicios sociales. En España e Italia, la cuota se limita a alrededor del 15%.

Allí donde no se presten los servicios públicos necesarios, este trabajo recaerá generalmente sobre los hombros de la los familiares directos, que lo harán de forma no remunerada, o sobre trabajadores precarios. La calidad de la atención recibida es directamente proporcional a la calidad de los puestos de trabajo del sector. En Estados Unidos, la mitad de las personas que trabajan en el cuidado infantil tienen que recurrir a ayudas como los bancos de alimentos[79]. Invertir en atención a las personas es invertir en dignidad social.

El electorado tiene la capacidad de decidir si quiere tolerar que haya una gran clase de sirvientes explotados o si prefieren empoderar a aquellos que se dedican a la solidaridad. Fortalecer el sector del cuidado implicaría al mismo tiempo una inversión social y un buen plan de creación de empleo; además, significaría que la solidaridad no estaría ya limitada a las ayudas económicas. Incrementar el número de trabajos dignos en el sector público podría ayudar a detener la tendencia a la baja de los salarios en general.

Por su parte, la RBU, u otro sistema de concesión de rentas, sería un buen complemento al Estado de

79. Marcy Whitebook, Caitlin McLean y Lea J. E. Austin: "The Early Childhood Workforce Index", Center for the Study of Child Care Employment, en http://cscce.berkeley.edu/early-childhood-workforce-index/ (consultado el 12 de julio de 2016).

bienestar, pero sería un sustituto terrible a la prestación pública de los servicios. Requiere de un aumento tributario significativo que merecería más la pena invertir antes en otros asuntos. Idealmente, sería concebida como la guinda de un pastel ya muy suntuoso. Solo mediante la combinación de una mayor intervención y la provisión directa de ciertas necesidades puede garantizarse un bienestar universal. Las ayudas económicas no son suficientes por sí mismas. Y aquí entra en juego el componente más olvidado del Estado de bienestar: la vivienda.

LA REFORMA URBANA COMO EL EQUIVALENTE MODERNO DE LA REFORMA AGRARIA

Japón fue pionero en la construcción de hoteles de cápsulas, donde en vez de conseguir una habitación, solo te dan un pequeño receptáculo en el que poder dormir. Parece propio de una distopía. Desde Londres, París, Nueva York y San Francisco nos llegan noticias sorprendentes en las que describen microapartamentos ridículamente caros y de orígenes dudosos, como armarios reconvertidos. Esto no es más que la consecuencia lógica de que las ciudades se vuelvan menos asequibles. En 1998, en Reino Unido, al trabajador medio le llevaba[80] tres años ahorrar dinero suficiente para pagar la fianza de una casa. Ahora se necesitan veinte. A este ritmo, pronto toda una carrera laboral no será suficiente para que el ciudadano medio pueda permitirse el lujo de tener una casa.

Ser propietario de una casa y tener acceso seguro a la vivienda no son lo mismo. La vivienda en propiedad está excesivamente fetichizada como la clave de la estabilidad

80. "Living Standards 2017: The Past, Present and Possible Future of UK Incomes", *Resolution Foundation*, en http://www.resolutionfoundation.org/publications/living-standards-2017-the-past-present-and-possible-future-of-uk-incomes/ (consultado el 26 de febrero de 2017).

económica. Pero si tu hogar también es tu mayor inversión, y vives en un área que está en declive económico, empezará a actuar como un ancla, ya que dejar la zona se hará más y más caro a medida que el hogar vaya perdiendo valor. Es por esto que la vivienda en propiedad va en detrimento de la movilidad laboral, y puede estar relacionada con mayores tasas de desempleo. Detroit tuvo la tasa de vivienda en propiedad más alta de entre las principales áreas metropolitanas de Estados Unidos. Grecia y España tienen tasas más altas que Alemania y Austria, que tienen grandes mercados de alquileres regulados.

El terrateniente parásito, elemento característico del mundo feudal, ha reaparecido en el Primer Mundo. El precio del suelo urbano está en auge en el mundo rico y el sector inmobiliario se lleva una parte cada vez más relevante del total de la riqueza. Las ciudades funcionan como motores de la productividad económica, reproduciendo los efectos de red de Internet, pero en el cara a cara. Además, en estos lugares clave, la posesión de la vivienda se está concentrando cada vez más. Los mercados de alquiler están siendo socavados por Airbnb y otros sistemas que facilitan que los pisos se compren para ser luego alquilados. Flujos de capital global están invadiendo los mercados inmobiliarios urbanos sin que nada ni nadie les imponga ningún tipo de control; en el caso de Vancouver, los precios se duplicaron en una década impulsados por el dinero chino[81]. Las maniobras del mercado están acabando con la vivienda segura.

La vivienda puede ser tratada como una necesidad o como un vehículo para la inversión o la especulación, pero no como ambas cosas a la vez. El equivalente moderno de la reforma agraria es la reforma urbana, que significaría la disolución de las grandes acumulaciones de suelo urbano y la democratización del acceso a la ciudad. No hay fábrica

81. En los noventa, el dinero canadiense que impulsó Canary Wharf fue pionero en las inversiones masivas en Londres.

más digna de ser tomada que la que constituye la ciudad, que es la fábrica de las ideas. Esto significa promulgar políticas que dificulten que los más ricos puedan tratar el suelo urbano como un vehículo especulativo. También implica pasar de un modelo basado en la vivienda de propiedad a uno basado en el alquiler asequible. La ciudad será el campo de batalla donde se determinará cómo habrá de producirse el consumo y en qué medida habrá de ser privado o colectivo y compartido. La seguridad económica para todos no se logrará sin una profunda transformación en las políticas de vivienda y sin medidas redistributivas en el ámbito espacial.

CÓMO PAGARLO TODO

Cuanta más riqueza acumulan las sociedades, más absurdo se hace tolerar la inseguridad económica. Sin embargo, grandes segmentos de la elite más rica parecen estar más interesados en averiguar cómo colonizar el espacio exterior o en lograr la vida eterna que en conseguir un trato justo aquí y ahora en la Tierra. Es una cuestión de prioridades. Los dos polos del dilema han recibido diferentes nombres: armas o mantequilla, imperialismo versus reforma social, opulencia privada versus miseria pública, etc.

El estancamiento hace más difícil evitar la cuestión de la distribución. El crecimiento, la salsa secreta del capitalismo, ayuda a tapar este conflicto, pero no lo resuelve, puesto que siempre hay intereses encontrados en juego. La experiencia reciente ha sido la del crecimiento desigual. En los últimos cuarenta años, el 50% más pobre de los estadounidenses no vio ningún crecimiento en sus ingresos[82] (-1%); al mismo tiempo, los ingresos del 10%

82. Facundo Alvaredo, Lucas Chancel, Thomas Piketty *et al.* (2017): "Global Inequality Dynamics: New Findings from WID.world", *working paper*,

más rico se duplicaron y los del 1% se triplicaron. El problema no es que no haya dinero suficiente, es que quienes cuentan con los medios para seguir enriqueciéndose no están dispuestos a repartir. Lograr un mayor grado de redistribución requerirá de una dura lucha.

No será nada fácil. Históricamente, los aumentos de los impuestos sobre los ricos no suelen tener lugar fuera de periodos de guerra, cuando el resto de la población clama por una compensación por su servicio militar. Aún no se han producido reducciones significativas de la desigualdad en un contexto pacífico: hasta ahora, los detonantes de la nivelación han sido la peste, la guerra masiva, los colapsos de los estados y la revolución violenta. La capacidad fiscal de los estados es algo que tampoco suele fortalecerse en tiempos de paz. Los países nórdicos en el periodo de posguerra y, más recientemente, las dictaduras mediterráneas (España, Portugal y Grecia) constituyen excepciones notables. Promover los cambios sin que haya de por medio una catástrofe es una tarea difícil.

Sin embargo, la redistribución a gran escala no es imposible. Acabamos de presenciar uno de los mayores procesos de redistribución de la historia. Los rescates de los sectores financieros de Estados Unidos y la Unión Europea, efectuados con fondos públicos, redistribuyeron la riqueza, solo que hacia arriba. Socialismo para ricos. Los banqueros se quedaron con sus complementos salariales en lugar de ir a la cárcel. El argumento de que no hay dinero para reformas sociales no es cierto; cientos de miles de millones fueron sacados de las arcas públicas para ser entregados a los bancos. Lo mismo ocurre cuando se trata de financiar guerras: el dinero que no existe para pagar hospitales o pensiones se materializa repentinamente para pagar bombas y balas.

National Bureau of Economic Research, febrero, en http://www.nber.org/papers/w23119

La redistribución es una elección social que depende de la política. Hay más riqueza que nunca, pero está concentrada en manos privadas y menos destinada a objetivos colectivos. El tamaño del Estado no es una variable fija. En 2014, los ingresos públicos como proporción del PIB oscilaban en la OCDE entre el 33,1% de Estados Unidos y el 57,4% de Dinamarca. La globalización es una excusa para mantener un Estado incompetente y poco generoso, no la causa. Las economías escandinavas, con niveles altos de tributación, son de las más competitivas del mundo. Sus generosas medidas de redistribución ayudan a amortiguar los choques procedentes de la economía global. Gracias a una sólida red de seguridad social, son más libres a la hora de perseguir los beneficios de la apertura.

El hecho de que en algunos países el tamaño del Estado sea menor es resultado de las decisiones tomadas por su electorado, no de una necesidad externa. Los electores pueden elegir si va a garantizar los derechos sociales o si va a dejar que cada uno vaya por su cuenta. Pueden elegir hasta qué punto se modularán y corregirán los resultados del mercado. Pueden elegir un equilibrio entre riqueza privada y pública, entre consumo individual y colectivo. Lograr un nivel de vida decente para todo el mundo supone tomar una serie de decisiones; implica transformar nuestras instituciones para así transformar nuestras sociedades. Y requiere la defensa sin tapujos de unos niveles impositivos más elevados.

ELOGIANDO LOS IMPUESTOS

La balanza se ha inclinado desgraciadamente en contra de aquellos que están a favor de la redistribución. Durante las últimas décadas, la tendencia ha sido hacia reformas fiscales regresivas que han aumentado la desigualdad. Como consecuencia, quienes son hoy considerados radicales ofrecen, en realidad, unas propuestas muy modestas. Por ejemplo, a Bernie Sanders, un reformista moderado, le hicieron parecer un revolucionario popular. Podemos es un partido que supuestamente espanta los poderes fácticos de toda Europa, pero su propuesta fiscal apenas aspira a regresar al nivel de recaudación de España previo a los últimos años de Zapatero. Como vemos, queda mucho por recorrer.

Para llevar a cabo reformas sociales serias hace falta una redistribución seria. Esto se aplica especialmente a aquellos países ricos que todavía tienen estados de bienestar diminutos. Las restricciones ficticias que rigen los debates contemporáneos deben ser desatendidas; que algo sea difícil no significa que sea imposible. El fatalismo que dice que no hay alternativa a la austeridad permanente debe ser rechazado. Hay que transformar la discusión y asumir que no hay manera de evitar el procedimiento a seguir: la seguridad económica para todos implica más impuestos, especialmente para algunos.

Como señaló Warren Buffett, el tipo impositivo que él paga es más bajo que el que paga su secretaria. El sello distintivo de un sistema fiscal mal diseñado es que los pobres paguen una proporción mayor de sus ingresos que los ricos. Los rentistas que se benefician individualmente de la riqueza que ha sido creada por la sociedad en su conjunto han de tener deberes tributarios especiales. No tiene sentido que los ingresos que no son derivados del trabajo (por ejemplo, las rentas, las herencias) sean gravados a una tasa inferior a los que sí lo son. Sin embargo, que esto sea así es no es algo que se deba a un fallo; es un rasgo característico de un sistema que está diseñado para preservar y proteger los privilegios de los más ricos.

Al igual que el capitán Renault descubriendo los juegos de apuestas en el Rick's Café en Casablanca, la filtración de los papeles de Panamá confirmó algo que todo el mundo sabía: existe una extensa red transnacional de paraísos fiscales que sirve para facilitar la corrupción. Esta red ayuda a los más ricos a esconder su dinero y esquivar sus responsabilidades sociales. Se calcula que se pierden unos 200.000 millones de dólares al año debido a la evasión fiscal[83]. Un vasto ejército de administradores de patrimonio, abogados y contables sirve para engrasar las ruedas de la minimización de los impuestos a gran escala. Y a pesar de los recortes generalizados a los impuestos de sociedades, las empresas siguen haciendo todo lo posible para limitar sus obligaciones fiscales. Los ricos logran evadir impuestos a través de estructuras complicadas cuyos nombres suenan como algo que podrías pedir en un Starbucks para alcohólicos (por ejemplo, el doble irlandés).

Europa misma está plagada de microestados (y jurisdicciones más grandes) que facilitan estas prácticas dudosas. Al hacerlo, socavan la base impositiva de las protecciones sociales públicas. Cada par de potencias europeas tiene una base de operaciones oscuras en sus fronteras: las islas del Canal entre Reino Unido y Francia, Andorra entre Francia y España, Mónaco entre Francia e Italia, Luxemburgo entre Alemana y Francia, y el paraíso fiscal original —Suiza— entre Alemania, Francia e Italia.

Los microestados continúan existiendo solo porque sirven a los intereses de los ricos. En 1962, Charles de Gaulle cerró la frontera con Mónaco debido a que sus residentes franceses no pagaban impuestos, forzando rápidamente un cambio de política. Salvo que los ciudadanos demanden un control más exigente, los gobiernos seguirán arrastrando los pies a la hora de obligar a estos microestados a mejorar sus prácticas. Jean-Claude Juncker fue durante dos décadas el primer ministro de Luxemburgo.

83. Gabriel Zucman: "The Hidden Wealth of Nations", en http://gabriel-zucman.eu/files/Zucman2015SlidesShort.pdf (consultado el 8 de julio de 2016).

En este cargo, desempeñó el papel de *madame* de los evasores de impuestos de la más alta categoría. Ahora ha ascendido hasta la Presidencia de la Comisión Europea. En consonancia con los tiempos, mientras que Estados Unidos tiene un presidente empresario, Europa responde con un presidente que minimiza impuestos.

ENSÉÑAME LA PASTA

"Se dice que la luz del sol es el mejor de los desinfectantes", dijo una vez Louis Brandeis, juez de la Corte Suprema de Estados Unidos. Antes de llegar a tal puesto, Brandeis había destacado por su lucha contra las corporaciones más grandes del país. No se pueden cobrar impuestos a quien permanece oculto. Recientemente, las autoridades griegas han recurrido al uso de imágenes por satélite para detectar la existencia de piscinas privadas. Una mayor transparencia es condición previa para recaudar más impuestos. Por su parte, desde el siglo XIX, Noruega ha tenido un sistema que hace públicas las declaraciones de la renta de sus habitantes, lo cual repercute en que a la gente le sea mucho más difícil evadir impuestos. Sus propios vecinos pueden averiguar si han estado engañando a las autoridades fiscales.

Thomas Piketty y su colaborador, Gabriel Zucman, han propuesto la creación de un registro global de la riqueza, que facilitaría tanto la lucha contra la evasión fiscal como la viabilidad de ponerle impuestos a las grandes fortunas. Como primer paso, sugieren que la Unión Europea y Estados Unidos trabajen juntos. La mayor parte de la riqueza global está todavía concentrada en estos bloques. Es necesario hacer que los ricos paguen su parte proporcional para mantener la legitimidad del sistema. De lo contrario, mientras ellos disfruten de una serie de privilegios, todos los demás serán reacios a contribuir.

Para financiar adecuadamente la protección social, esos privilegios deben desaparecer. No es simplemente una cuestión de recaudación, sino también de justicia: los Buffetts del mundo deberían estar pagando más que sus secretarias.

CONTRA LA DEFERENCIA HACIA LOS RICOS

El nivel de vida y la seguridad de cada individuo dependen del contexto en el que se encuentre. En este momento, hay una tendencia generalizada a atribuir al mérito lo que deberíamos atribuir a los privilegios. La falta de esfuerzo se confunde con la falta de opciones y oportunidades, y se acaba culpando a la gente de unas deficiencias sistémicas que están fuera de su control. En realidad, el éxito individual tiene mucho que ver con la pura suerte y con cosas sobre las cuales se tiene muy poco control. La falacia de que algunos crean trabajos mientras otros viven del cuento solo sirve para justificar las desigualdades existentes.

Los ricos se benefician por partida triple: han nacido en el momento adecuado, en el lugar adecuado y en la familia adecuada. Casi toda la prosperidad de un individuo viene determinada por su contexto: cuándo viven (la historia), dónde viven (la geografía) y quiénes son sus padres (la clase social). Los diferentes estándares individuales en cuanto al nivel de vida dependen mucho más de la posición social heredada que del mérito propio. El mejor argumento a favor de dispersar las grandes concentraciones de riqueza es la realidad que hay detrás de su acumulación.

Como dijo la senadora estadounidense Elizabeth Warren, "no hay nadie en este país que se haya hecho rico por sí mismo. Nadie". Cualquiera que viva en el presente se beneficia de una serie de enormes legados del pasado: tanto de conocimiento como de capital. Poseemos el mayor inventario de conocimiento jamás acumulado. Las ventajas científicas y técnicas son una generosa herencia de las generaciones pasadas, que las presentes pueden disfrutar sin ningún esfuerzo o mérito propio. Tenemos barra libre. Disfrutamos de los frutos de lo que se ha llamado la "Ilustración industrial"; si somos capaces de ver más lejos es porque, como dijo Newton, vamos subidos a hombros de gigantes.

El Primer Mundo se beneficia de los avances técnicos del pasado, pero también de los crímenes entonces cometidos. La Ilustración Industrial iba de la mano con lo que se ha denominado "capitalismo de guerra". El imperialismo, la expropiación y la esclavitud desplazaron al feudalismo y contribuyeron al nacimiento del nuevo orden capitalista. Como nos recuerda la obra fílmica de Steven Spielberg, Europa es un continente que lleva consigo un legado de derramamiento de sangre. Ha albergado violentos conflictos religiosos y ha originado una serie de deshonrosos crímenes coloniales e imperiales (por ejemplo, la conquista de las Américas, el saqueo del Congo, el narcotráfico del opio británico que sustentaba la balanza comercial de su imperio, etc.). Fue el motor de la trata de esclavos, el espacio donde la guerra moderna se perfeccionó a escala industrial —con millones de hombres jóvenes de clase trabajadora enviados a morir en el fango— y la casa del Holocausto.

Una parte relevante de la riqueza actual del Primer Mundo tiene sus orígenes en el robo, la explotación y la apropiación de la naturaleza. Su legado de imperialismo, colonialismo y desarrollo desigual sigue aún vigente. No todo el mundo se ha beneficiado por igual: los herederos de los colonizadores han prosperado mucho más que los herederos de los colonizados. Es más probable que seas rico si tus antepasados se dedicaban a saquear, a traficar con esclavos o al narcotráfico, que si por el contrario sufrieron a manos de aquellos camorristas. El comercio estaba militarizado y fue desigual, dejando tras de sí un legado de instituciones extractivas. Una prueba de este legado es el British Museum, que cuenta con la mejor colección de artículos robados del mundo; y si quieres ver dónde acabó la riqueza del Congo, toca una visita a Bruselas.

El lugar donde se nace tiene una gran relevancia. Como muestra Branko Milanovic[84], sigue siendo mucho mejor estar entre los más pobres en un país rico que ser uno de los más ricos en un país pobre. Milanovic ha documentado cómo las distinciones en la riqueza tienen cada vez más que ver con la geografía y menos que ver con la clase, al menos en términos globales. Explica[85] que dos tercios de los ingresos de una persona dependen del país en el que vive. Nacer en un país rico te convierte en el beneficiario de un capital social, una especie de renta de la que te beneficias sin haber tenido que hacer nada para recibirla. Una vez más, esto no tiene nada que ver con el esfuerzo o el mérito.

Los que vivimos en los países ricos somos el 1% histórico-mundial. El hecho de haber nacido en Canadá y no en el Congo, o en Suecia en lugar de en Siria, es claramente una cuestión de suerte. El Primer Mundo y sus ciudadanos disfrutan de una serie de privilegios que el resto del mundo no comparte. La inmensa mayoría de los niños que están naciendo en estos instantes lo están haciendo en los países pobres, donde muchas de las grandes ventajas asociadas con el desarrollo son todavía patrimonio de una elite. Se calcula que solo el 40% de los africanos tiene

---

84. Ana Swanson: "Would You Rather Be Rich In A Poor Country, Or Poor In A Rich Country?", *Forbes*, en http://www.forbes.com/sites/anaswanson/2014/08/13/would-you-rather-be-rich-in-a-poor-country-or-poor-in-a-rich-country/ (consultado el 6 de julio de 2016).

85. Branko Milanovic (2016): *Global Inequality: A New Approach for the Age of Globalization*, Cambridge (Mass.), The Belknap Press of Harvard University Press.

acceso fiable a la electricidad[86]. Pese a toda la riqueza global acumulada, poder tirar el papel higiénico por váter es algo normal en solo un número muy limitado de países. Después de todo, requiere de papel higiénico, agua corriente suficiente y buenas infraestructuras e instalaciones de fontanería. Tener todos esos elementos a la vez es tener fortuna. Si la historia es un determinante enorme de nuestro nivel de vida, también lo es la geografía.

LA APROPIACIÓN PRIVADA DE LA RIQUEZA SOCIAL

Balzac escribió que detrás de toda fortuna se encuentra un gran crimen. El capitalismo tiene su pecado original. No hay mejor manera de acumular una gran cantidad de riqueza que la expropiación o la explotación a gran escala. Muchas de las antiguas jerarquías siguen presentes, fosilizadas en el tejido social. El sistema de clases en Reino Unido se puso en marcha cuando una pandilla de normandos armados invadió la isla. Su jefe se lo quedó todo y repartió la tierra entre sus amigos más cercanos. Los títulos de nobleza legitimaron este robo a gran escala: cuanto mayor era el rango, más tierra robada se recibía. Casi un milenio después, los apellidos de estos normandos todavía tienen una presencia desproporcionada entre la elite de Oxford y de Cambridge. Del mismo modo, en la actualidad, los ciudadanos más ricos de Florencia son descendientes de las familias más ricas durante la época de los Medici. A día de hoy, un aristócrata es alguien cuyos antepasados se dedicaban probablemente a explotar a los antepasados de los demás.

---

86. Yomi Kazeem: "These Charts Show Reliable Electricity Is Still a Luxury for More than Half of Africa", *Quartz*, en http://qz.com/664086/these-charts-show-reliable-electricity-is-still-a-luxury-to-more-than-half-of-africa/ (consultado el 6 de julio de 2016).

En Estados Unidos, las grandes fortunas del siglo XIX fueron acumuladas por los *robber barons*, que eran monopolistas y especuladores de la guerra civil. Los industriales del norte se beneficiaron enormemente de la destrucción de sus rivales del sur, que basaban su riqueza en la esclavitud. El jefe de esta cohorte, John D. Rockefeller, fue creador de la petrolera Standard Oil —irónicamente, hizo su fortuna gracias al producto que acabará destruyendo la Tierra— y uno de los hombres más ricos de todos los tiempos. En lugar de optar a títulos nobiliarios, estos nuevos ricos estadounidenses patrocinaron una serie de fundaciones privadas y causas filantrópicas para minimizar sus impuestos. Los fideicomisos familiares les permitieron a la vez conservar el control de sus fortunas y mejorar sus reputaciones. Esta es una táctica generalizada; no en vano, el premio más famoso del mundo lleva el nombre de un especulador armamentístico y barón del petróleo, Albert Nobel. Al lavar su reputación, los magnates pueden aparentar benevolencia.

Las fortunas modernas todavía se acumulan a través de la expropiación, la explotación y la apropiación. No tiene nada de natural la forma en que se repartían y se siguen repartiendo los frutos de la división del trabajo, de la extensión de los mercados y del progreso tecnológico. La distribución de la riqueza depende de una serie de instituciones que gobiernan y regulan la economía a todas las escalas. Lo que perciben los dueños y lo que perciben los trabajadores no es resultado de sus respectivas contribuciones, sino de su respectivo poder de negociación. Las historias de fundadores y gestores heroicos sirven para legitimar las subsecuentes desigualdades, que son siempre susceptibles de sufrir aún más deterioro.

La política importa. Actores poderosos seguirán esforzándose por consolidar sus beneficios y convertirlos en rentas. En este sentido, podemos recordar cómo los oligarcas rusos fueron capaces de despedazar y repartirse los bienes del Estado en la lucha sin ley que tuvo lugar tras el colapso de la Unión Soviética. Puede que otros sectores no tengan el mismo grado de gangsterismo, pero igualmente se aprovechan de sus estrechos vínculos con el Estado. A la elite financiera le gusta presentarse como la cima de la sofisticación capitalista. Pero la crisis ha demostrado que es esencialmente un cártel al cual el Estado otorga una licencia para participar en apuestas de alto riesgo.

Cuando la economía crece, los riesgos que se derivan de las actividades por las cuales los banqueros logran obtener exorbitantes beneficios se desplazan al conjunto de la población. Pero si las cosas salen mal, el Estado los rescata y socializa sus pérdidas. En Estados Unidos se estima que el 61% de los activos financieros están implícita o explícitamente protegidos[87]. El funcionamiento de este gigante casino financiero ayuda a revelar cómo funciona la creación de riqueza. Aunque la suerte tiene mucho que ver con ello, las elites básicamente crean su propia suerte diseñando las reglas a su favor. Sus esquemas enrevesados no son ni comprendidos por la mayoría ni controlados por los reguladores. Las grandes farmacéuticas, por su parte, pueden obtener beneficios inmensos de sus medicamentos y esconderse detrás de un muro de patentes.

Silicon Valley se ha convertido en rival de Wall Street. La cultura contemporánea glorifica el papel de los fundadores de las grandes empresas tecnológicas; por poner un ejemplo, dada la divinización póstuma que se ha hecho de Steve Jobs, uno pensaría que este hombre encontró la cura para el cáncer. Las empresas que están en la vanguardia tecnológica afirman que ellos son los únicos responsables de sus innovaciones. Pretenden representar una nueva forma especial y maravillosa de capitalismo. Y por eso

87. "Bailout Barometer: How Large Is the Federal Financial Safety Net? - Federal Reserve Bank of Richmond", en https://www.richmondfed.org/publications/research/special_reports/safety_net (consultado el 6 de julio de 2016).

insisten en que merecen quedarse con toda la nueva riqueza creada. Pero el éxito de las grandes empresas de tecnología como Microsoft, Apple y Google solo fue posible a partir de oleadas de inversión pública que se mantienen en la actualidad y de las cuales se beneficiaron todos los ámbitos, desde la investigación básica hasta la mercantilización. Estas empresas convierten el valor añadido social en unos beneficios privados. Además, a modo de "agradecimiento", han reducido al mínimo sus obligaciones sociales.

En Apple, Jobs redujo los costes de producción gracias a la deslocalización despiadada. También presidió una ola de suicidios debido a las condiciones espantosas en su principal fábrica. Sus teléfonos dependían de las materias primas extraídas de la región de los Grandes Lagos de África, una zona devastada por las guerras por el control de estos recursos. La innovación más brillante de Jobs fue a la hora de limitar las obligaciones tributarias de su empresa. Según la Comisión Europea, Apple logró hacer descender el impuesto de sociedades que pagaba en Europa al 0,005% en 2014[88]. Detrás de una elegante fachada estética, se encuentran los procesos de acumulación de riqueza de toda la vida. Solo unos pocos se quedan lo que se crea entre todos.

Los nuevos gigantes tecnológicos han ganado la lucha por el espacio digital. Los fundadores de Google lo lograron gracias a los motores de búsqueda, Facebook con la comercialización de la amistad y Amazon con la nube y el comercio. Todos juntos forman una nueva elite de rentistas. Poseen plataformas que les permiten recolectar datos a gran escala, y de los datos fluyen las ganancias. El capitalismo siempre ha tenido que ver con la explotación de la

88. "State Aid: Ireland Gave Illegal Tax Benefits to Apple Worth up to €13 Billion", en http://europa.eu/rapid/press-release_IP-16-2923_en.htm (consultado el 31 de agosto de 2016).

tierra y la mano de obra y con la extracción de los recursos. Ahora más que nunca, la expropiación de las ideas también se ha convertido en una importante fuente de riqueza. Tú trabajas gratis por ellos. Aunque el capital es cada vez más inmaterial, los beneficios no dejan de ser muy reales para sus dueños.

RECUPERAR EL CONTROL (DE LA RIQUEZA)

La riqueza se crea socialmente, pero se controla individualmente. La desigualdad en los ingresos es sintomática de desigualdades mucho mayores en riqueza y poder. En gran medida, financiar el Estado de bienestar tiene que ver con mejorar la recaudación para financiar la redistribución. Sin embargo, ir más allá del Estado de bienestar plantea cuestiones más espinosas acerca de la propiedad y el control. Garantizar la seguridad económica para todos requiere un cambio fundamental. Requiere políticas que hagan que sea más difícil acumular fortunas exorbitantes y, como consecuencia lógica, mecanismos para distribuir más equitativamente las dotaciones de riqueza en la sociedad. Tanto la fiscalidad progresiva sobre el patrimonio como los impuestos a las donaciones, a las herencias (impuestos sobre el capital) y al suelo son medios evidentes para llevar esto a cabo.

A finales del siglo XIX, Thomas Paine propuso un Fondo Nacional, financiado con el impuesto de sucesiones. Según esta propuesta, cada persona habría recibido una parte igual del fondo al alcanzar la mayoría de edad. Una propuesta contemporánea ha defendido, de la misma manera, entregar 80.000 dólares a cada joven. Esta idea de una herencia universal es conceptualmente muy parecida a la renta básica, aunque mientras que esta última implica un flujo permanente de ingresos, la prestación universal de la que hablamos se otorgaría una sola vez. De este modo, todo el mundo recibiría un empujón para iniciar su vida adulta en mejores condiciones. Por el momento, lo que sucede es que un grupo limitado comienza con mucho más que eso, mientras que la gran mayoría empieza con prácticamente nada.

La concentración de la riqueza y la estructura de las grandes empresas están entrelazadas. La posibilidad de imponer políticas orientadas a democratizar el control de las empresas más grandes se ha venido discutiendo desde hace mucho tiempo, pero, hasta el momento, el poder empresarial ha logrado siempre imponerse.

Las políticas para democratizar el control de las compañías más grandes han sido discutidas durante años, pero el poder empresarial, de momento, ha logrado derrotarlas a todas. Durante la década de los sesenta, el economista sueco Rudolf Meidner hizo una audaz propuesta para poner fin a la concentración de la riqueza y democratizar la propiedad. Según el Plan Meidner, una parte de los beneficios de las empresas con más de cincuenta trabajadores se habría convertido en acciones, que posteriormente se habrían invertido en una serie de fondos controlados por los trabajadores.

La estructura de la propiedad habría cambiado radicalmente. Cuanto mayor hubieran sido los beneficios de una empresa, más rápidamente habría terminado en manos de lo público. Alternativamente, podría restringirse el acceso a la propiedad de forma que, en tal caso, los servicios sociales fueran financiados a partir de los dividendos. Más recientemente, Dani Rodrik ha propuesto la creación de fondos públicos de capital riesgo para entrar a participar como accionistas en las nuevas empresas tecnológicas. Estos fondos, a su vez, proporcionarían un dividendo que vendría a complementar los ingresos de los trabajadores. Si se reformula esta propuesta y se plantea como un fondo soberano de inversión, ya no suena tan utópica. No hay razón para dar por sentado la idea de que la gran parte de la riqueza de la sociedad deba concentrarse en manos de unos pocos.

DESIGUALDAD Y PODER

Durante décadas, la desigualdad ha sido tratada como una cuestión menor, como el precio que se debía pagar por el crecimiento. Recientemente, una ola de académicos pioneros ha revelado una serie de verdades profundas sobre la vida social. A través de sus meticulosas investigaciones, han demolido los argumentos que banalizaban las preocupaciones acerca del crecimiento de la desigualdad. En paralelo, una serie de movimientos sociales robustos —con Occupy en la vanguardia— ha vuelto a situar el tema en la agenda. El debate sobre la desigualdad ha sacudido los cimientos de los sistemas políticos del Primer Mundo. No solo señala que la situación actual es injusta, sino que también pone de relieve el carácter relacional de esta injusticia. La riqueza y la pobreza, la seguridad y la inseguridad, el esplendor y la miseria van todos de la mano.

Los votantes rechazarán un orden económico que no les beneficia. A falta de redistribución, es lógico que busquen en cierta medida el proteccionismo. La seguridad económica para todos es el antídoto al giro proteccionista. Pero el empleo remunerado no bastará por sí solo para alcanzarla; no garantizará un nivel de vida de clase media para un número suficiente de personas. Sin embargo, una combinación de ingresos suplementarios, Estado de bienestar fortalecido y viviendas asequibles sí que lo conseguiría. La seguridad económica para todos mejoraría la situación para el grueso de la población. Y hay suficiente riqueza disponible para este proyecto, pero hace falta una mayor recaudación, más redistribución y diferentes modelos de propiedad y control.

Es más fácil decirlo que hacerlo. Pero, para que sea posible, primero tiene que ser defendido en el ámbito de la retórica. Para que las políticas redistributivas se materialicen, también se debe crear una coalición a favor de la redistribución. En un mundo de hombres ricos como este, el dinero y el poder están cada vez más relacionados; redistribuir uno es redistribuir el otro. La transformación económica y la transformación social van de la mano. La lucha sobre las condiciones materiales es, como siempre, una lucha de clases, pero no puede discutirse seriamente acerca de la clase social sin poner también en discusión la raza, el género y las cuestiones generacionales. La redistribución y el reconocimiento van juntos; seguridad económica para todos significa para *todos y todas*. La coalición será amplia y diversa o no será.

CAPÍTULO 4

UNA COALICIÓN INCLUSIVA

En España es difícil referirse al pasado sin invocar el recuerdo de la sangrienta dictadura franquista. Otros países asocian la postguerra a un periodo con una tasa alta de crecimiento, pleno empleo y consumismo en auge: los treinta gloriosos. Pero el pasado no fue una edad de oro. Se basaba en una triple exclusión: se prohibía el acceso de las mujeres al mercado laboral, el de las minorías visibles a los barrios blancos y el de los inmigrantes en las fronteras. Era un mundo dirigido por hombres viejos, blancos y ricos para beneficio de los hombres viejos, blancos y ricos.

En Estados Unidos, el movimiento por los derechos civiles tuvo que luchar duramente para acabar con la segregación y garantizar el derecho al voto. En Europa, las potencias imperialistas se aferraron a sus posesiones coloniales durante todo el tiempo que pudieron. Los británicos emprendieron una contrainsurgencia brutal desde Kenia hasta Malasia. Los franceses lucharon de forma sangrienta y despiadada desde el norte de África hasta el sudeste asiático. Cuando los argelinos salieron a las calles de París en 1961, cientos de ellos fueron masacrados y sus cuerpos se arrojaron al Sena. Los antiguos nazis ocuparon altos cargos gubernamentales y empresariales en toda Alemania Occidental. La Suecia socialdemócrata coqueteó con la eugenesia y mantuvo la esterilización forzada de las personas transgénero hasta 2013. La novela negra nórdica responde a la necesidad de contrastar una versión idílica de la historia escandinava.

Las tradicionales costumbres patriarcales seguían siendo dominantes. El divorcio no se legalizó hasta 1970 en Italia, hasta 1981 en España y hasta 2011 en Malta. En la Irlanda de 1970, las mujeres no podían formar parte de un jurado, comprar anticonceptivos o entrar en ciertos *pubs*. La violación marital no fue declarada ilegal en Inglaterra hasta 1991. Hasta entonces, tampoco se había concedido a las mujeres el derecho a voto en el último cantón suizo que quedaba por hacerlo —y solo lo hizo por obligación de los tribunales—. En este pintoresco y retrógrado cantón de Appenzell Rodas Interiores los hombres iban a la plaza del pueblo y votaban levantando sus espadas[89]. Por último, hubo que esperar hasta 2003 para que la Corte Suprema de Estados Unidos aboliera las catorce leyes contra la sodomía que aún seguían vigentes.

La revuelta de la juventud de Mayo del 68 se desencadenó por una batalla por la liberación sexual, cuando los hombres que estudiaban en la universidad de Nanterre comenzaron a protestar porque no podían visitar los dormitorios de estudiantes del sexo opuesto. Los Beastie Boys podrían haber sido los cronistas de los *soixante-huitards*, recordándonos que *you gotta fight for your right (to party)* ("tienes que luchar por tu derecho a la fiesta"). Menos de cincuenta años después, en plena era de Grindr y Tinder, nos cuesta imaginar lo mal que debían de estar las cosas en aquellos viejos tiempos tan glorificados.

89. En 2009, el 71% de la población de este cantón votó a favor de la prohibición de los minaretes, la tasa más alta en Suiza.

EL PRESENTE TAMPOCO ES UNA EDAD DORADA

Ahora nos conviene creernos el paradigma de la tolerancia. El fin de la historia ha sido una gran excusa para la complacencia. El racismo virulento, el sexismo y la homofobia son conductas propias de generaciones menos ilustradas; no es lo que hacemos ahora. La historia de un avance inevitable hacia el progreso tiene su función, ya que las luchas del pasado son una inspiración para las futuras aspiraciones, pero también sirven para edulcorar el presente y así calmar nuestra mala conciencia.

La presidencia de Obama, todo un triunfo de la idea de meritocracia, sirvió de excusa para que la gente se regocijase en el optimismo y esta tendencia ha emigrado hacia el Norte. A los presuntuosos liberales canadienses les encanta viajar por el mundo dando lecciones. Se olvidan oportunamente del maltrato de las poblaciones indígenas y de la pobreza racializada que se dan en su país, así como de los gaseoductos nocivos para el planeta que están construyendo. ¿Cuándo se acabaron aquellos malos tiempos de discriminación? Ya se habría establecido un "día internacional" si supiéramos la fecha concreta.

Si visitas el sur de Estados Unidos, te costará evitar la iconografía racista de la bandera de los confederados, que todavía forma parte de la bandera del estado de Mississippi, y no fue hasta hace poco cuando se retiró del capitolio del estado de Carolina del Sur. Pero los vestigios de la esclavitud en Estados Unidos no se limitan a la vieja Confederación: dos propietarios de esclavos aparecen junto a Abraham Lincoln, el Gran Emancipador, en el Monte Rushmore; cuando sostienes un billete de un dólar, estás sosteniendo el retrato de un dueño de esclavos, George Washington, y si visitas la capital, visitas una ciudad que lleva el nombre de un dueño de esclavos. Como nos recuerda Ta-Nehisi Coates, el progreso estadounidense se basó en el saqueo y en la violencia racial. Se abolió la esclavitud, pero permanecen la privación masiva del derecho a voto, la violencia policial, el complejo industrial penitenciario y la pena de muerte.

Una estatua de Colón se cierne sobre el puerto de Barcelona, dando la bienvenida a los turistas. La Edad de Oro española coincidió con los años de la Inquisición y el saqueo de las Américas. Una fiesta nacional española —que coincide con el Día de Colón en Estados Unidos— fue conocida durante mucho tiempo como el Día de la Raza, antes de que se cambiase el nombre por el Día de la Hispanidad, algo nominalmente menos ofensivo. Cuando viajas a Londres, puedes visitar numerosas estatuas de racistas y conquistadores. Si paseas por el Támesis para echar un vistazo al Big Ben, recuerda que solo hay dos países que en sus parlamentos reservan asientos para los líderes religiosos: mientras que Irán tiene a sus ayatolás, en Reino Unido los obispos se sientan en la Cámara de los Lores.

Recientemente el *Washington Post* declaró —de manera absurda— que Martin Luther King había sido un verdadero conservador. Han intentado borrar la supremacía blanca de la historia, pero lo cierto es que, cuando lo asesinaron, King estaba siendo acosado por el FBI mientras preparaba la Marcha de los Pobres en Washington. Por su parte, Margaret Thatcher apoyó al régimen del apartheid sudafricano hasta bien entrados los ochenta. Además, Estados Unidos mantuvo a Nelson Mandela en su lista de terroristas vigilados hasta 2008, y su arresto se llevó a cabo gracias a un chivatazo de la CIA. Las conquistas sociales no surgen de la nada por arte de magia. No hay edades de oro, solo luchas continuas por la emancipación y la igualdad.

Los "paleoconservadores" creen en la existencia de una conspiración cultural marxista. Temen que las minorías étnicas, las mujeres, los jóvenes y el colectivo LGTB estén trabajando juntos para transformar la cultura y la sociedad. Estos reaccionarios han sido capaces de imaginar las características de una utopía igualitaria, pero les horroriza. Han visto un futuro democrático y han optado por luchar contra él en nombre de la tradición. Para seguir avanzando, tocará desafiar el pasado y enfrentarse a las realidades del presente. Todavía queda mucho por hacer.

La reacción tribalista no será derrotada por una política tribalista. Solo una coalición amplia e inclusiva que tenga en cuenta la raza, el género y la edad podrá arrebatarle el futuro a la derecha radical. Este capítulo examina cómo dichas categorías se entrelazan con la clase social. Así, cualquier proyecto serio de emancipación debe prestar especial atención a las formas de discriminación más arraigadas. Los avances políticos y los económicos van juntos.

LA DIVERSIDAD ES EL FUTURO

Solo uno de mis abuelos —y ninguno de mis bisabuelos— nació en Toronto. Es una historia típica para un lugar donde la mitad de la población ha nacido fuera de Canadá y cuyo lema es "la diversidad es nuestra fuerza". Toronto es una ciudad del futuro: tolerante y multicultural. Muestra que la proporción de inmigración que las sociedades pueden absorber es potencialmente ilimitada. El deseo de vivir en un barrio residencial próspero no se restringe a ningún grupo étnico concreto.

Durante la mayor parte de mi estancia en Barcelona, viví en el Raval. Es otro lugar donde la mitad de la población es de origen extranjero, y otra historia de éxito en términos de integración. Paquistaníes, marroquíes, filipinos, ecuatorianos y rumanos viven junto a la *crème de la crème* de los *hipsters* gentrificadores europeos y junto a una población autóctona menguante. Un día, volviendo a casa, me encontré cara a cara con el inconfundible Javier Bardem. Estaba participando en un rodaje justo al lado de mi puerta. La película era *Biutiful*, un drama social sobre la drogadicción y el tráfico de inmigrantes. Esto es un buen ejemplo de cómo la ciudad global combina el esplendor turístico con la inmigración precaria. Funciona gracias a la mano de obra importada ya que los urbanitas ricos se benefician del trabajo de un sector servicios formado por inmigrantes mal pagados.

La clase obrera es la clase más diversa que existe. En Barcelona, los manteros del *top manta*, quienes venden bolsos falsificados y baratijas, suelen ser de África Occidental. Los que venden cervezas de última hora, sacándolas de sus escondites en las alcantarillas, son normalmente del sur de Asia. Londres tiene sus albañiles de Europa del Este, Nueva York sus cocineros mexicanos y Toronto sus enfermeras, cuidadoras y niñeras filipinas. En todas partes, los mercados de trabajo están segregados por raza y por género. En todas partes se puede escuchar a los lugareños quejándose de que los inmigrantes les roban los trabajos que ellos no querrían hacer. A pesar de que acaban realizando los trabajos más duros con los salarios más bajos, los inmigrantes siguen teniendo que soportar una letanía de quejas infundadas.

DESMONTAR LOS MITOS EN CONTRA DE LOS INMIGRANTES

Disponemos de pocas evidencias que respalden la afirmación de que los inmigrantes hacen bajar los salarios o roban empleos. En el sector semicualificado de Reino Unido se halló que un aumento del 10% en el número de inmigrantes reducía los salarios un 1%, que es un impacto mucho menor que el de otros factores[90]. Un estudio estadounidense llegó

90. Jonathan Portes: "How Small is Small? The Impact of Immigration on UK Wages | National Institute of Economic and Social Research", en http://

a la conclusión de que cada inmigrante producía 1,2 nuevos trabajos para la gente local. Los inmigrantes generaban un aumento en la demanda que compensaba la posible presión sobre los salarios y acababa beneficiando a todos[91]. Los inmigrantes, que tienden a ser más jóvenes, complementan la mano de obra local; pero cuando se trata de buenos trabajos, a menudo no pueden acceder a ellos. El proteccionismo del ámbito de cuello blanco lleva a situaciones en las que no se reconocen credenciales extranjeras y, así, personas con titulación de Ingeniería o Enfermería terminan conduciendo taxis o cuidando niños.

La evidencia contradice el mito de que los inmigrantes suponen un problema para el erario público. Los titulares escandalosos deberían ignorarse. Los inmigrantes trabajan, pagan impuestos y estimulan la economía como consumidores. Un informe de la OCDE publicado en 2013 llegó a la conclusión de que cada hogar de inmigrantes pagaba a las arcas, como media, 2.000 libras más de lo que recibía en prestaciones[92]. La afluencia de trabajadores jóvenes ayuda a mantener la fuerza de trabajo en sociedades envejecidas. Además, es un hecho probado que en Reino Unido los inmigrantes reducen las listas de espera para la atención sanitaria[93] —ya que son más jóvenes y más saludables—. La idea de que los inmigrantes —es decir, trabajadores pobres en su mayoría— son una carga para la

---

www.niesr.ac.uk/blog/how-small-small-impact-immigration-uk-wages#.V32ZDZMrL_S (consultado el 6 de julio de 2016).

91. Gihoon Hong y John McLaren (2015): "Are Immigrants a Shot in the Arm for the Local Economy?", *working paper*, National Bureau of Economic Research, abril, en http://www.nber.org/papers/w21123

92. OECD (2013): *International Migration Outlook 2013*, París, Organisation for Economic Co-operation and Development, en http://www.oecd-ilibrary.org/content/book/migr_outlook-2013-en

93. Osea Giuntella, Catia Nicodemo y Carlos Vargas-Silva (2015): "Immigration May Reduce the Time You Wait to See the Doctor", *British Politics and Policy at LSE*, 13 de octubre, en http://blogs.lse.ac.uk/politicsandpolicy/immigration-may-reduce-the-time-you-wait-to-see-the-doctor/

economía no se corresponde con los datos. Al fin y al cabo, los únicos gorrones extranjeros que deberían preocuparnos son los miembros de las casas reales europeas.

Muchos barrios populares como el Raval se han visto revitalizados por la presencia de extranjeros. Si no fuera por todo el arduo trabajo realizado por extranjeros, los gentrificadores no se verían tentados a mudarse a estos barrios después que ellos. Contrariamente al estereotipo, en Estados Unidos los inmigrantes cometen menos delitos que los nativos. Sería imposible mantener la calidad de los servicios públicos si no fuera porque hay inmigrantes trabajando en hospitales, escuelas, administraciones públicas, etc. El cuento de que los inmigrantes son perezosos no se sostiene. Basta con echar un vistazo alrededor para desmentirlo. ¿Quién, si no los inmigrantes, se está ocupando principalmente de la limpieza, la cocina y el cuidado?

Sin embargo, ninguna cantidad de estudios o datos académicos será suficiente para disipar las preocupaciones sobre la inmigración. Los inmigrantes son en su mayoría de clase obrera y son especialmente las clases obreras locales las que se sienten más amenazadas por ellos. La inmigración hace que los países y los barrios mejoren, pero no todo el mundo se beneficia necesariamente de esta mejora. Una vez más, los beneficios de la globalización se distribuyen de manera desigual. La ansiedad que sienten las poblaciones nativas ante los mercados laborales débiles y los recortes en protecciones sociales está justificada y es cierto que su nivel de vida ya no está garantizado, pero no son los inmigrantes quienes tienen la culpa.

El jefe que contrata a un trabajador indocumentado para recoger una cosecha, realizar reparaciones o trabajar duro en un taller prospera a base de eludir la ley. La explotación de los trabajadores inmigrantes perjudica a quienes ocupan los puestos más bajos del mercado de trabajo. Cuantos más sean los inmigrantes que carecen de protecciones y de oportunidades, más perjudicarán al mercado laboral porque una reserva de mano de obra barata y desprotegida representa una amenaza. Que los trabajares inmigrantes sean relegados a una infraclase permanente es algo que no beneficia en absoluto a los autóctonos ya que la erosión de los derechos de algunos amenaza los derechos de todos. Así, al defender los inmigrantes también te estás defendiendo a ti mismo.

LA MANÍA HACIA LOS MÁS VULNERABLES

En América del Norte y Europa, los inmigrantes son más pobres y viven en condiciones de más hacinamiento, es más probable que estén desempleados, se enfrentan a una discriminación laboral considerable y cobran salarios más bajos. La acumulación de la propiedad se estratifica según la raza. Además de que sacan peores notas, son más propensos al abandono escolar prematuro y menos a votar o participar en política. La tasa de paro de los nacidos en el extranjero es aproximadamente el doble de la tasa de paro general de la Unión Europea y alrededor de una de cada tres personas nacidas fuera de la Unión Europea está en riesgo de pobreza, incluso a pesar de tener trabajo. En España, más de la mitad de los hijos de padres nacidos en el extranjero se encuentran en dicha situación de riesgo. La crisis financiera mundial no fue causada por los hijos de los inmigrantes, pero han sufrido sus consecuencias de manera desproporcionada.

Varios investigadores del mundo rico se juntaron para llevar a cabo el mismo experimento, con pequeñas modificaciones, en sus respectivos países. Presentaron currículos idénticos —con nombres típicos de afroamericanos o inmigrantes, por un lado, y nombres típicos de blancos, por otro— para ver si para las minorías era más difícil conseguir un trabajo. En todos los países donde se realizó el experimento —Alemania, Australia, Austria, Estados Unidos, Francia, Irlanda, Reino Unido, Suecia y Suiza— quedó probada la existencia de una discriminación racial en la contratación: en Francia, los perfiles con nombres típicos franceses recibieron un 70% más de llamadas que los de nombres típicos del norte de África y los que sonaban extranjeros[94]. En Estados Unidos, los nombres propios de blancos recibieron un 50% más de llamadas que los nombres afroamericanos[95]. Es increíble que un hombre llamado Barack Hussein Obama haya llegado tan lejos en este contexto.

Estados Unidos es una nación de inmigrantes, pero también es desde sus orígenes una nación basada en la esclavitud[96]. Una proporción significativa de su población desciende de quienes fueron traídos forzosamente desde el otro lado del Atlántico. Por medio del activismo, Black Lives Matter volvió a situar la cuestión de la discriminación racial sistemática en la agenda pública. La tasa de paro de los negros en Estados Unidos es el doble de la tasa de los blancos no hispanos. La tasa de pobreza entre las mujeres negras es tres veces mayor que la de las mujeres blancas no hispanas[97]. Los negros desarmados tienen una probabilidad cinco veces mayor de ser víctimas de la violencia policial que los blancos; la tasa de encarcelamiento de hombres negros es seis veces mayor que la de los hombres blancos[98]. El partido que gobierna

94. "(The Right Sort Of) Help Wanted", *The Economist*, en http://www.economist.com/blogs/freeexchange/2014/06/labour-market-discrimination (consultado el 6 de julio de 2016).
95. Marianne Bertrand y Sendhil Mullainathan (2003): "Are Emily and Greg More Employable than Lakisha and Jamal? A Field Experiment on Labor Market Discrimination", Working Paper, National Bureau of Economic Research, julio, en http://www.nber.org/papers/w9873
96. Canadá también a escala más pequeña, pero la historia oficial tiende a esconder este hecho.
97. Maria Guerra: "Fact Sheet: The State of African American Women in the United States - Center for American Progress", en https://www.americanprogress.org/issues/race/reports/2013/11/07/79165/fact-sheet-the-state-of-african-american-women-in-the-united-states/ (consultado el 26 de febrero de 2017).
98. "Criminal Justice Fact Sheet", *NAACP*, en http://www.naacp.org/criminal-justice-fact-sheet/ (consultado el 26 de febrero de 2017). Jóvenes negros y árabes son veinte veces más susceptibles de ser sometidos a

actualmente continúa esforzándose por establecer cada vez más restricciones a los votantes, con la intención de minimizar la participación electoral de los negros. Quieren que la desigualdad se mantenga arraigada.

La pobreza se concentra desproporcionadamente en las minorías étnicas. La inmigración no es responsable de la situación generalizada de ansiedad económica, pero sí sirve como un indicador de la precariedad en muchos barrios. En el referéndum del Brexit, los votantes eran más propensos a votar a favor donde había menos inmigrantes por lo que se debía al miedo a la inmigración y no al efecto de los inmigrantes en sí. Pero las restricciones sobre la inmigración no resolverán las cuestiones económicas subyacentes más relevantes (como la globalización, la automatización o las políticas de austeridad). La discriminación de clase y racial están interrelacionadas. Atacar a los inmigrantes y a las minorías visibles significa golpear a los pobres, con un sesgo racista. Las divisiones raciales en su seno no benefician a la clase trabajadora.

Para evitar que las distintas partes de la clase trabajadora se enfrenten entre sí, es necesario proporcionar oportunidades decentes y seguridad social. Esto implica políticas de integración adecuadas como la formación laboral, la capacitación lingüística, un mayor reconocimiento de los títulos extranjeros y políticas activas de empleo. El modelo canadiense es un buen ejemplo de cómo las políticas multiculturales pueden ayudar a relajar las tensiones. Las buenas políticas de integración amplían las oportunidades y pueden contribuir a que se genere confianza entre las comunidades. La seguridad económica puede actuar como freno de la erosión perpetua de las

---

controles policiales en Francia. Jacquin, Julia Pascual y Jean-Baptiste (2017): "Le Défenseur des droits dénonce les contrôles 'au faciès'", *Le Monde.fr*, 20 de enero, en http://www.lemonde.fr/police-justice/article/2017/01/20/le-defenseur-des-droits-denonce-les-controles-au-facies_5066029_1653578.html

condiciones, pero requiere que se dejen de buscar chivos expiatorios.

EL RECHAZO A LOS ESTEREOTIPOS CULTURALES

El temor a una siniestra toma del poder demográfico se encuentra presente en libros como *Sumisión* de Michel Houellebecq. Se considera que los extranjeros no están bien integrados en aproximadamente la mitad de las capitales de la Unión Europea[99]. La opinión de que las minorías son de alguna manera incompatibles con la cultura local está bastante extendida. La gente se olvida de que la cocina nacional americana —la hamburguesa y el perrito caliente— es de origen alemán. Mientras tanto, hay más sitios de kebab en Berlín que en Estambul y el pollo *tikka masala* aspira a convertirse en el plato nacional de Reino Unido. Nadie que tenga una pizca de sentido del gusto podrá lamentar la colonización inversa de la cocina británica.

Los críticos señalarán los *banlieues* en Francia o los *ghettoes* en Estados Unidos como muestras de la incompatibilidad cultural más profunda. La idea de que algunas culturas tienen necesariamente más predisposición a algo es difícil de eliminar y los argumentos culturales suelen degenerar fácilmente en la culpabilización de los débiles. Las recesiones alimentan aún más el resentimiento. El estancamiento económico y la precariedad creciente generan unas condiciones que son especialmente hostiles para los recién llegados ya que la integración es más complicada en circunstancias adversas. Los mercados de trabajo débiles son malos para la cohesión y los recortes en los programas sociales empeoran la situación.

---

99. "Quality of Life in Cities. Perception Survey in 79 European Cities", en http://ec.europa.eu/regional_policy/en/information/publications/studies/2013/quality-of-life-in-cities-perception-survey-in-79-european-cities (consultado el 11 de julio de 2016).

La manera en la que se perciba a los inmigrantes (como muy trabajadores y laboriosos o, por el contrario, como parásitos y perezosos) dependerá de que se den las condiciones para que tengan éxito. El paro lo causa una escasez de oportunidades adecuadas, no la falta de ganas de trabajar. Ha-Joon Chang recuerda que, a inicios del siglo XX, los australianos que llegaron a Japón se sorprendieron al ver lo perezosos que eran los japoneses y les dijeron que sería imposible cambiar sus hábitos. Sin embargo, los estereotipos culturales cambian en función de las nuevas configuraciones institucionales y sociales.

En el siglo XIX, los franceses eran considerados el paradigma del racionalismo cartesiano, mientras que los alemanes eran vistos como unos románticos empedernidos. Los escandinavos pasaron de ser vikingos a intervenir salvajemente en las guerras religiosas europeas, atravesaron una etapa de emigración y pobreza y llegaron finalmente a la de Abba y los muebles de Ikea. Los valores tradicionales confucianos se usaron en un primer momento para explicar por qué la economía china estaba estancada y luego para explicar por qué se había vuelto tan dinámica. Las supuestas características culturales permanentes son en realidad construcciones históricamente contingentes.

Ninguno de mis bisabuelos —judíos o españoles— habría sido considerado como plenamente blanco de haber nacido en Estados Unidos. En diferentes momentos, tanto los judíos como los católicos sufrieron la hostilidad local. Los judíos estaban bajo sospecha por ser supuestamente leales solo a sí mismos y los católicos por su lealtad al Papa de Roma. Ahora son principalmente los musulmanes quienes están siendo señalados por la intolerancia de unas poblaciones ignorantes. La demonización insensata de la diferencia viene de largo.

En las colonias de América y Australia, todo el mundo, menos las poblaciones indígenas, es de origen extranjero.

La hostilidad contra los inmigrantes es algo recurrente, incluso entre los propios inmigrantes, pero es un síntoma de amnesia. Que las poblaciones se desplacen es una constante en la historia, pero la gente tiende a olvidarse de la discriminación que padecieron sus abuelos. Entonces y ahora, la narrativa inmigrante ha estado siempre llena de dificultades.

Vale la pena defender las sociedades abiertas y esto solo puede hacerse fortaleciendo la protección de los más marginados. En general, un proyecto universal no puede ignorar las discriminaciones específicas. Y junto con la desventaja racial, la desigualdad de género es la característica definitoria de la estructura social existente.

¿QUIÉN ESTÁ HACIENDO REALMENTE TODO EL TRABAJO?

A principios de 2016, una mujer italiana se enfrentó a la posibilidad de pasar hasta seis años en la cárcel. Su marido se había quejado a la policía de que ella no estaba cocinando y limpiando lo suficiente. Por increíble que pueda parecer, la policía, en lugar de desestimar el caso, remitió el asunto al poder judicial. A pesar de constituir un caso extremo, este ejemplo es sintomático de la triple discriminación que afecta las mujeres en la economía. Las mujeres hacen más trabajo que los hombres, cobran por menos horas de trabajo y, cuando son remuneradas por su trabajo, reciben un salario inferior por el mismo trabajo.

Esta última discriminación se conoce como "brecha salarial entre hombres y mujeres", y se da en todas partes. En el conjunto de la Unión Europea, la brecha en el total de los ingresos fue del 37% en 2010. Sin embargo, algunas de las economías más avanzadas estaban aún peor: el 48% en Austria y el 51% en los Países Bajos, frente al 38% de

España y al 44% de Italia[100]. Además, conviene subrayar que la brecha salarial se limita a medir las horas de trabajo remuneradas. Si se incluyesen las horas de trabajo doméstico en los cálculos, sería astronómica ya que, tal y como está planteada, subestima considerablemente la magnitud de la discriminación.

Las mujeres trabajan más horas que los hombres. Esto es un hecho casi universal, ya que en todo el mundo las mujeres llevan a cabo la mayor parte del trabajo de cuidado y de reproducción en el ámbito doméstico. Los estudios sobre el uso del tiempo indican que, aunque las mujeres hagan menos horas de trabajo remunerado, siguen trabajado más en total. En Suecia, las mujeres dedican un 34% más de tiempo al trabajo doméstico que los hombres; en Italia y Portugal dedican más del triple[101]. Si se incluye el trabajo doméstico, se obtiene que en países como Italia las mujeres trabajan una media de 60 minutos más al día que los hombres. Eso es mucho tiempo si se suman las de todo un año. Concretamente, equivale a nueve semanas de trabajo de cuarenta horas, que implica que los italianos tienen dos meses adicionales de vacaciones en comparación con las italianas. El trabajo de las mujeres es lo que hace posible *la dolce vita*.

El modelo social de la postguerra descansaba sobre el modelo tradicional de familia. El hombre salía a ganar dinero y la mujer era relegada al hogar para encargarse de las tareas domésticas y criar a los niños. Heather Boushey ha descrito al ama de casa como la socia silenciosa de las empresas estadounidenses. Las mujeres subvencionaban la economía a gran escala con su trabajo no remunerado; que no recibieran dinero por realizarlo no quiere decir

100. "Report on Equality between Men and Women 2014", en http://ec.europa.eu/justice/gender-equality/files/annual_reports/150304_annual_report_2014_web_en.pdf (consultado el 11 de julio de 2016).
101. "OECD Gender Data Portal", en http://www.oecd.org/gender/data/ (consultado el 11 de mayo de 2017).

que su trabajo no fuera real. Simplemente se daba por hecho, se subestimaba. La Oficina Nacional de Estadística de Reino Unido ha calculado que el valor del trabajo no remunerado —realizado principalmente por mujeres— equivale al 56% el PIB británico[102]. Si el hecho de que la mujer saliera también a trabajar fue en su momento una elección —en la que había, no obstante, multitud de obstáculos—, hoy día tener dos salarios es prácticamente una necesidad.

Las estadísticas del PIB de Europa se actualizaron recientemente para incluir la industria del sexo. La prostitución cuenta ahora como parte del tejido productivo. El trabajo doméstico, salvo que sea pagado, no. Que tenga que haber dinero cambiando de manos para que el esfuerzo se registre como valioso es sintomático de sociedades y economías que son totalmente disfuncionales. El desequilibrio de poder y de riqueza entre géneros es tan grande que ni siquiera se calcula adecuadamente. El fallo en la medición de algo tan obvio es una muestra obvia del fracaso.

LA MUERTE AGONIZANTE DEL VIEJO MODELO

El cuento de la criada de Margaret Atwood describe la distopía teocrática de Gilead, donde unos radicales religiosos hacen cumplir estrictamente un patriarcado ficticio. Atwood dirigió especialmente su crítica social hacia su propio contexto, el de Estados Unidos, pero su obra sirve también como una crítica general. No tenemos que ir tan lejos como a Arabia Saudí para observar lo que las diversas instituciones religiosas tienen en mente para las mujeres. Cabe pensar que el modelo social que prohibía los

102. "Women Shoulder the Responsibility of 'unpaid Work'", Visual ONS, en http://visual.ons.gov.uk/the-value-of-your-unpaid-work/ (consultado el 26 de febrero de 2017).

anticonceptivos, el aborto y el divorcio, al tiempo que avalaba la violación marital está obsoleto. Es cierto que no son ya hombres vestidos con hábito y obsesionados con la preservación de unos roles de género rígidos quienes directamente toman las decisiones. Sin embargo, sus viejos prejuicios siguen teniendo mucha fuerza.

La política y el mundo de los negocios continúan bajo el dominio de los hombres. En toda Europa —con excepciones predominantemente nórdicas—, las mujeres están infrarrepresentadas en los parlamentos y los gobiernos. En política, las mujeres, a diferencia de los hombres, siguen siendo continuamente juzgadas por su apariencia física. Cuando el nuevo laborismo propició la llegada de un número histórico de mujeres a Westminster en 1997, los medios bautizaron burlonamente al grupo con el nombre de las *Blair babes*, las chicas de Blair. Incluso Alexis Tsipras, que durante un breve tiempo fue el héroe de la izquierda europea tras su victoria electoral, se las apañó para formar gobierno sin nombrar a una sola mujer como ministra. Ya en el mundo de los negocios, Japón pretendía que las mujeres ocuparan el 30% de las posiciones de liderazgo. Incapaz de alcanzar este progreso, rebajó posteriormente este objetivo a un insignificante 7%. En Estados Unidos, el número de consejeros delegados de empresas del índice Standard & Poor's 500 que se llaman John es mayor que el de consejeras delegadas[103].

El legado del pasado aún perdura en el diseño de los mercados laborales y de la política social. A nivel macro, las economías más disfuncionales del Primer Mundo son aquellas en que la discriminación de género está más arraigada. La hostilidad contra las mujeres se combina con un perfil demográfico preocupante y con la

103. Justin Wolfers (2015): "Fewer Women Run Big Companies Than Men Named John", *The New York Times*, 2 de marzo, en http://www.nytimes.com/2015/03/03/upshot/fewer-women-run-big-companies-than-men-named-john.html

discriminación contra los migrantes. Lo que Italia tiene en común con países como Grecia y Japón es una sociedad envejecida, unos altos niveles de deuda y una economía estancada. Las mujeres están sobrecargadas con trabajo doméstico, al tiempo que su fertilidad y su tasa de participación en la fuerza de trabajo son excepcionalmente bajas.

Las economías que tienen las brechas más grandes en términos de oportunidades económicas para las mujeres son las menos competitivas. Al contrario, las economías escandinavas más igualitarias son también de las más competitivas. Las barreras específicas para la entrada de las mujeres en los mercados laborales remunerados perjudican la economía. Incluso Japón, todo un ejemplo de tradicionalismo, reconoció que necesitaba una mayor participación laboral de las mujeres para tratar de salir de su largo periodo de estancamiento. La OCDE ha estimado que la eliminación de la brecha de género en cuanto a participación laboral aumentaría el PIB de las economías desarrolladas una media del 12%[104].

La división del trabajo basada en el género está presente en toda la economía[105]. En Estados Unidos, un 95% de los higienistas dentales son mujeres y ganan un tercio del salario de los dentistas[106]. Por lo general, ellas hacen casi todo el trabajo rutinario en los chequeos, mientras que los dentistas apenas hacen acto de presencia para llevar a cabo labores de supervisión. Incluso en un hospital, gran parte de la atención médica la lleva a cabo el servicio de enfermería, formado predominantemente por mujeres

---

104. "Gender Dynamics: How Can Countries Close the Economic Gender Gap? - OECD", en http://www.oecd.org/about/secretary-general/genderdynamicshowcancountriesclosetheeconomicgendergap.htm (consultado el 7 de julio de 2016).
105. Dean Baker (2017): *Rigged: How Globalization and the Rules of the Modern Economy Were Structured to Make the Rich Richer*, Washington, D.C., Center for Economic and Policy Research.
106. "Table 11. Employed Persons by Detailed Occupation and Sex, 2010 Annual Averages", en http://www.bls.gov/cps/wlf-table11-2011.pdf (consultado el 31 de agosto de 2016).

con muchos años de formación y experiencia. Sus condiciones y salarios son muy inferiores a los de los médicos, que aún siguen siendo mayoritariamente hombres. En el sector minorista, es más probable que los gerentes sean hombres, mientras que los puestos de caja y de cara al público los ocupan mujeres. Y así en casi todos lados.

En el mundo rico, las mujeres están sobrerrepresentadas en el ámbito del trabajo precario y es más frecuente que trabajen tanto a tiempo parcial como con contratos temporales. En Japón, las mujeres representan dos tercios de la mano de obra no regular (trabajadores a tiempo parcial) y el 80% de la fuerza de trabajo temporal[107]. En Europa, casi un tercio de las mujeres trabajan a tiempo parcial, frente a menos del 10% de los hombres. Lo mismo ocurre en Estados Unidos, donde mientras que un tercio de las mujeres trabajan media jornada, esta cifra se reduce al 12% en el caso de los hombres[108]. Los empleos a tiempo parcial pueden ser buenos empleos, pero por lo general se asocian con condiciones precarias y salarios bajos.

Que la tasa de empleo remunerado y los salarios sean más bajos entre las mujeres después tiene consecuencias directas en periodos posteriores de la vida. Las mujeres mayores de 65 años tienen menos riqueza y un mayor riesgo de pobreza que los hombres, especialmente si viven solas. Las mujeres europeas reciben pensiones que son, de promedio, un 40% inferiores a las de los hombres[109], a causa de las diferencias en sus salarios, en las horas de

---

107. "Living with Economic Insecurity: Women in Precarious Work", en http://www.ituc-csi.org/living-with-economic-insecurity (consultado el 7 de julio de 2016).
108. Marisa C. Young (2010): "Gender Differences in Precarious Work Settings", SSRN Scholarly Paper, Rochester, Nueva York, Social Science Research Network, 15 de marzo, en http://papers.ssrn.com/abstract=1586936
109. "The 2015 Pension Adequacy Report: Current and Future Income Adequacy in Old Age in the EU", en http://ec.europa.eu/social/main.jsp?catId=738&langId=en&pubId=7828&visible=0& (consultado el 7 de julio de 2016).

trabajo realizadas y en la cantidad de años que han pasado dentro del mercado laboral. Nuestras sociedades y estados de bienestar perpetúan graves desigualdades de género desde la cuna hasta la sepultura.

No sería este un mundo de hombres ricos si antes no fuera un mundo de hombres. La discriminación opera a todos los niveles y persiste a pesar de que las mujeres poseen una educación cada vez mayor que la de los hombres. A las mujeres incluso se les cobra más que a los hombres por artículos de uso cotidiano. Pero todo el trabajo de cuidados necesario para la reproducción social es tratado por el mercado como si no tuviera valor. Se pueden destacar dos síntomas de la lógica de la injusticia sistémica. En primer lugar, hay una gran brecha de autoestima entre los géneros y, en segundo lugar, los hombres perciben que hay menos discriminación de género que las mujeres, porque no son los receptores de la misma[110].

LA EXPANSIÓN DE LAS POLÍTICAS PROELECCIÓN

Las novelas napolitanas de Elena Ferrante nos ofrecen un retrato brillante de cómo funciona la desigualdad de género. Describe las consecuencias a escala humana de esta discriminación y cómo está incrustada en las estructuras más amplias de la sociedad. Las políticas públicas de conciliación familiar todavía no se han adaptado para proporcionar las mismas oportunidades a las mujeres que a los hombres. Allí donde la discriminación persiste más fuertemente, actúa como un freno a la participación en el mercado laboral e incluso disminuye la fertilidad. La sociedad presiona a las mujeres para que lo hagan todo, pero es

110. Claire Cain Miller (2017): "Republican Men Say It's a Better Time to Be a Woman Than a Man", *The New York Times*, 17 de enero, en https://www.nytimes.com/2017/01/17/upshot/republican-men-say-its-a-better-time-to-be-a-woman-than-a-man.html

imposible; el día no tiene las suficientes horas si los hombres no hacen la parte que en justicia les corresponde o si no se subcontrata el trabajo doméstico a una mujer más pobre.

El derecho a elegir que tienen las mujeres va más allá del ámbito de la libertad reproductiva. La mayoría de los obstáculos para su participación en el mercado laboral son simultáneamente obstáculos para tener hijos, porque hacen que sea más difícil combinar el trabajo con dar a luz o adoptar esquemas familiares alternativos. Entre las ayudas poco generosas, la duración insuficiente del permiso por paternidad, la división inapropiada de dicho permiso —que presupone que la mujer será la principal cuidadora—, las escasa oferta de cuidado infantil y un complicado horario escolar…, todo dificulta que las mujeres combinen el trabajo y el cuidado. Sin embargo, persiste un claro apego hacia este modelo caducado. Un lugar como España o Italia no es país para madres, y mucho menos para madres solteras.

A principios de 2016, Silvio Berlusconi volvió a ser noticia a causa, esta vez, de sus comentarios acerca de una candidata embarazada. Declaró que la maternidad y la alcaldía de Roma eran incompatibles; y con ello no solo estaba reforzando lo que muchas personas piensan, sino también lo que muchos empleadores hacen. Las empresas suelen ser reacias a contratar mujeres porque pueden quedarse embarazadas. Discriminan a las mujeres que están embarazadas en el trabajo, como en Japón, por ejemplo, donde la mitad de las mujeres, sobre todo las que tienen contratos temporales, denuncian "discriminaciones durante el embarazo"[111]. Y hacen más difícil que las mujeres regresen al trabajo después de haber dado a luz,

111. Steve Mollman: "Nearly Half of Japan's Working Women Face Maternity Discrimination", *CityLab*, en http://www.citylab.com/work/2015/11/nearly-half-of-japans-working-women-face-discrimination-while-pregnant/416214/ (consultado el 7 de julio de 2016).

ya que, cuando intentan volver, pueden haberse quedado atrás en sus carreras y haber perdido poder adquisitivo. Todos estos factores discriminatorios se suman a la ausencia de una legislación correctiva.

Lo felices o infelices que sean los padres al tener un primer hijo condicionará si eligen tener más. Este grado de felicidad depende en gran medida de la existencia o no de fuertes apoyos sociales, por lo que las políticas públicas ayudan a explicar la brecha de felicidad entre países. He podido observar la diferencia al comparar las experiencias, por un lado, de mis amigos del norte de Europa y, por otro, las de mis amigos españoles. La diferencia equivale a la de volar en primera clase y volar *low-cost* —que te reciban con champán es inmensamente más agradable que tener que volar como si fueras en una lata de sardinas—. Unas políticas familiares bien diseñadas y generosas hacen más felices a los padres y fomentan la igualdad de género, y eso significa más bebés y una economía más fuerte.

En este momento, las mujeres en los países ricos no tienen tantos hijos como dicen que les gustaría tener. La baja fertilidad puede entenderse como un síntoma de la falta de oportunidades y apoyos adecuados para las mujeres. En casi la mitad de los estados estadounidenses, el cuidado infantil es más caro que la universidad[112]. El acceso al cuidado infantil decente permite a las mujeres elegir si quieren quedarse en casa o regresar al mercado laboral y su ausencia actúa como un impuesto sobre las madres que deciden trabajar y disminuye la fertilidad. Cuando Quebec introdujo un sistema de cuidado infantil a siete dólares al día, entraron al mercado laboral 70.000 madres que de otro modo no lo hubieran hecho y, como resultado

112. Amy X. Wang: "In Almost Half of the US, Daycare Can Be More Expensive than College", *Quartz*, en http://qz.com/661178/in-almost-half-of-the-us-daycare-can-be-more-expensive-than-college/ (consultado el 7 de julio de 2016).

del aumento de los ingresos fiscales, el gobierno terminó recaudando más de lo que le había costado el programa[113].

La ampliación del sistema de cuidado infantil aumenta el PIB. Vale la pena recordar que, si es la abuela quien cuida a los niños, no cuenta en las estadísticas. Conseguir que más mujeres trabajen es algo que se paga por sí solo y, en todo el mundo rico, cuantas más mujeres ingresan en el mercado laboral, más disminuye la pobreza infantil. La provisión de cuidado infantil mejora los resultados educativos y reduce las desigualdades en la primera infancia. Algunas de las medidas políticas más exitosas en materia de economía deben su éxito a que son feministas.

Un sistema inadecuado de bajas por paternidad también refuerza los patrones existentes, obligando a las mujeres a quedarse en casa. Cuando Canadá amplió sus bajas por paternidad, la proporción de mujeres que dejó sus empleos disminuyó y la de las que volvieron al trabajó aumentó[114]. En su país vecino, Estados Unidos, la baja por paternidad no está garantizada y el resultado es que un 30% de la caída que ha sufrido la participación de las mujeres en el mercado laboral puede atribuirse a la falta de este tipo de coberturas[115]. Finalmente, las bajas por paternidad también contribuyen a aumentar las capacidades de los niños y también más contacto con sus padres mejora su salud y su desarrollo.

Los hombres tienen que hacer su parte. Cuando se niegan a cogerse la baja, refuerzan los roles de género

113. Pierre Fortin, Luc Godbout y Suzie St-Cerny: "Impact of Quebec's Universal Low-Fee Childcare Program on Female Labour Force Participation, Domestic Income, and Government Budgets", en http://www.researchconnections.org/childcare/resources/23338 (consultado el 7 de julio de 2016).

114. Michael Baker y Kevin Milligan (2008): "How Does Job-Protected Maternity Leave Affect Mothers' Employment?", *Journal of Labor Economics*, 26, 4, pp. 655-691.

115. Francine D. Blau y Lawrence M. Kahn (2013): "Female Labor Supply: Why Is the US Falling Behind?", *working paper*, National Bureau of Economic Research, enero, en http://www.nber.org/papers/w18702

tradicionales y limitan las futuras posibilidades de su pareja. Investigadores suecos han descubierto que los ingresos futuros de las mujeres aumentan un 7% por cada mes que los hombres están de baja por paternidad[116]. Su falta de voluntad a la hora de contribuir al cuidado de los niños causa incluso una reducción de la fertilidad[117]. Unas políticas de natalidad exitosas serán también feministas. Reequilibrar las relaciones de género en los puestos de trabajo implica hacerlo también en el hogar. La esperanza es que las generaciones más jóvenes logren romper con los esquemas del pasado; el problema es que si para los jóvenes es más difícil que nunca llegar a fin de mes, no hablemos ya de formar una familia.

JUVENTUD SIN FUTURO

Cuando en 2006 tuvieron lugar en París las manifestaciones juveniles más importantes desde Mayo del 68, yo estaba viviendo allí. En masa, los jóvenes salieron a la calle en contra del *contrat première embauche* (CPE, contrato del primer empleo). Este CPE era un contrato especial para los menores de 26 años, que fue diseñado para atajar el problema del paro juvenil, mediante contratos temporales que facilitaban su despido. Se propuso como respuesta a una ola de disturbios que hubo en Francia a finales de 2005 y que fue causada por una parte de la juventud de los *banlieues*. Quienes participaron en ellos estaban descontentos por la exclusión social que sufrían y por ser tratados como ciudadanos de segunda.

116. Elly-Ann Johansson (2010): "The Effect of Own and Spousal Parental Leave on Earnings", *working paper series*, Institute for Evaluation of Labour Market and Education Policy, en https://ideas.repec.org/p/hhs/ifauwp/2010_004.html

117. Matthias Doepke y Fabian Kindermann (2016): "Why European Women Are Saying No to Having (more) Babies", *VoxEU.org*, 3 de mayo, en http://voxeu.org/article/why-european-women-have-few-babies

La revuelta de la juventud más excluida provocó la revuelta de jóvenes de todas las clases sociales. Después de unos meses de movilización, el CPE fue aprobado pero no implementado. Supuso una victoria, pero limitada. Incluso a pesar de que millones de personas tomaran las calles y de que el tema fuera muy discutido en los bares, los cambios fueron relativamente menores. No fueron suficientes para nosotros.

Los jóvenes que se manifestaban contra el CPE fueron criticados por ser supuestamente conservadores. Se les acusaba de querer la seguridad de la clase media, no una revolución como la de los *sesentayochistas*. Pero no hay nada malo en sentirse con derecho a un nivel de vida decente; sino que a medida que la precariedad se extiende, esta se convierte en una demanda cada vez más radical. La crisis ha golpeado especialmente fuerte a los jóvenes. Cuando el presente es tan incierto, las circunstancias impiden hacer planes para el futuro. De hecho, una de las organizaciones que estaba detrás del movimiento de los indignados en España se llamaba precisamente Juventud sin Futuro.

El paro juvenil suele ser el doble que el de la población en general, lo cual resulta intolerable, e incluso en tiempos de bonanza se trata de un problema con el que hay que lidiar. Con la crisis, las tasas de paro entre los jóvenes alcanzaron el 50% en España y Grecia: en resumidas cuentas, la experiencia más común en el mercado laboral era no encontrar trabajo. En 2013, los jóvenes españoles declaraban que tenían que enviar 69 solicitudes de media para conseguir su primer puesto, y en Grecia la cifra estaba en 64. La mayoría de los jóvenes en Francia, Grecia, Italia, España y Reino Unido indican que es difícil conseguir un buen trabajo[118], dato que no sorprende mucho. Los

118. Jon Henley (2013): "Young, Qualified and Jobless: Plight of Europe's Best-Educated Generation", *The Guardian*, 1 de julio, en https://www.theguardian.com/world/2013/jul/01/jobless-europe-young-qualified

jóvenes que van empezando se encuentran con que les rechazan una y otra vez.

Cada vez es más difícil para los jóvenes llevar a cabo las diferentes transiciones necesarias para alcanzar una vida adulta estable. El empleo a tiempo completo, la finalización de los estudios y la salida del hogar familiar se retrasan. La crisis hace que la elección de tener hijos parezca masoquista. Lo que resulta de todo esto son una especie de adolescencia suspendida en el tiempo y un tremendo desperdicio de potencial humano. La generación más formada —o, al menos, más acreditada— es también la generación que tiene más dificultades para empezar en la vida. Y sin embargo, abundan las interpretaciones condescendientes, que culpan a los *millennials* de haberse hecho mayores en una época de crisis y estancamiento.

Mi padre se mudó a Londres para trabajar en el sector servicios en los setenta, cuando Franco todavía estaba vivo. La idea del éxito en España en parte consistía en que este tipo de viaje fuera haciéndose menos frecuente. Sin embargo, en 2012, un consejero de empleo del gobierno catalán desfasado les recomendó a los jóvenes de su región que tomaran "el primer vuelo a Londres y se pusieran a servir cafés". Miles de españoles lo han hecho, y no necesariamente por elección. En una encuesta del Eurobarómetro de 2011, un 53% de las personas entre 15 y 35 años afirmaba que estaría dispuesta a mudarse a otro país. Este dato incluía al 68% de la juventud española, al 67% de la irlandesa, al 64% de la griega y al 57% de la portuguesa. El paro masivo que impulsa a los jóvenes a emigrar nos señala que el pacto social se ha roto.

Sin contar la Asamblea General de la ONU, puede que el sector servicios del centro de Londres sea el lugar con más diversidad del mundo. Al entrar en cualquier restaurante de *fast food* se puede ver dónde ha acabado una parte de la juventud del Mediterráneo. Miles han dejado su hogar por falta de trabajo. En algunos casos, la migración se considera algo normal o incluso deseable, como si la realidad del emigrante fuera un camino de rosas. Muy al contrario, representa un viaje incierto a un país extranjero sin recursos ni garantías sociales. Por otro lado, son principalmente aquellos con mayores niveles de educación quienes pueden asumir el riesgo, lo que provoca una fuga de cerebros para los países de la periferia de Europa y una inyección de talento para los países receptores. También funciona como una válvula de escape para contener los niveles el malestar hacia la clase política en los países de origen.

LOS JÓVENES COMO 'OUTSIDERS'

La juventud tiene más probabilidades de estar fuera de forma precaria que de estar dentro bien protegida. La existencia de una dualidad en el mercado laboral no favorece a la gente joven: son los últimos a los que contratan y los primeros a los que despiden. Los sindicatos se centran principalmente en proteger a los de dentro, no a los trabajadores más marginales, y la proporción de afiliados jóvenes a los sindicatos es cada vez más y más baja. En Estados Unidos, apenas algo más del 5% de los trabajadores de 16 a 24 años está sindicada.

La temporalidad afecta especialmente a los jóvenes. En España, más de uno de cada dos jóvenes está contratado temporalmente. En 2013, la tasa europea de temporalidad juvenil era de un 37%, muy por encima del 9% del conjunto de la población. Cuando hablamos de contratos a media jornada, la situación es bastante parecida: se ha incrementado en un tercio desde los inicios de la crisis[119].

119. Angana Banerji, Sergejs Saksonovs, Hannah Huidan Lin y Rodolphe Blavy: "Youth Unemployment in Advanced Economies in Europe: Searching for Solutions", en https://www.imf.org/external/pubs/cat/longres.aspx?sk=42458.0 (consultado el 8 de julio de 2016).

Como resultado, unos nueve de cada diez jóvenes griegos declaran sentirse marginados[120]; en el caso de Portugal, Chipre, España o Italia la cifra es de ocho de cada diez. Además, el deterioro de las condiciones de la gente joven no se limita al Mediterráneo. En términos reales, los jóvenes canadienses ganan menos de lo que ganaban hace treinta años[121]. Y solo la mitad de los estadounidenses nacidos en 1980 gana más de lo que ganaban sus padres cuando tenían su edad[122].

La Unión Europea gasta más dinero por cada vaca que por cada joven parado. El paro juvenil no es muy prioritario y tendrá efectos negativos en el futuro. Deja cicatrices que tardarán mucho tiempo en desaparecer. El desempleo prolongado es malo en el ámbito personal, ya que se asocia a tasas de empleo y salarios más bajos en el futuro, pero también es perjudicial para el conjunto de la economía. Disminuye la producción, estimula la emigración, socava la cohesión social, puede estimular la delincuencia y hace que sea más difícil hacer frente al gasto social (en especial a los costes del envejecimiento); y pese a todo esto, las políticas públicas conservan un sesgo gerontocrático.

Cuando las protecciones son marginales o inexistentes y la mitad de los jóvenes en el mercado laboral no puede encontrar trabajo, se vuelve más fácil despedir a los trabajadores en cualquier momento: no faltan candidatos dispuestos a ocupar su lugar. Esta es una situación muy beneficiosa para esos jefes que buscan tratar a sus

---

120. "Nine in 10 Greeks under 30 Feel Marginalised due to Crisis", *MacroPolis*, en http://www.macropolis.gr/?i=portal.en.society.4000 (consultado el 8 de julio de 2016).
121. "Today's Youth Are Working Less, Earning Less and Have the Most Student Debt in Canadian History", *Press Progress*, en https://www.pressprogress.ca/today_youth_are_working_less_earning_less_and_have_the_most_student_debt_in_canadian_history (consultado el 8 de julio de 2016).
122. David Leonhardt (2016): "The American Dream, Quantified at Last." *The New York Times*, 8 de diciembre, en https://www.nytimes.com/2016/12/08/opinion/the-american-dream-quantified-at-last.html

trabajadores como si fueran un pañuelo de usar y tirar; y, por el contrario, proporciona muy pocos incentivos para que las empresas inviertan y mejoren las capacidades de sus empleados. Las circunstancias desesperadas provocan que los salarios bajen todavía más, por lo que los jóvenes tienen además un mayor riesgo de pobreza, una mayor tasa de pobreza aunque trabajen y una mayor tasa de privación material severa que la población en general. Debe de llamarse Gran Depresión, en parte, porque es deprimente.

El mercado laboral no es lo único que les está fallando a los jóvenes. En 2010, unos estudiantes que se manifestaron en Reino Unido acabaron en los titulares porque atacaron el coche que transportaba a un muy consternado príncipe Carlos, el eterno heredero al trono. Estaban protestando porque el coste de la matrícula universitaria se había triplicado. Para muchos estudiantes, el aumento de las tasas (y la ausencia de otros apoyos) supone la diferencia entre poder ir a la universidad o no. Se priva a un número cada vez mayor de estudiantes de educación superior por culpa de los precios. El hecho de que el acceso a los estudios dependa de la riqueza de los padres supone una burla a la supuesta igualdad de oportunidades. Y aunque ir a la universidad ya no signifique tener un buen trabajo, no ir reduce todavía más las posibilidades de conseguirlo.

Este aumento en los costes ha generado unos niveles de deuda estudiantil desorbitados en algunos lugares. La universidad resulta ser accesible a corto plazo, pero a costa de un endeudamiento que se mantendrá durante años. Una estimación sugiere que los estudiantes Reino Unido se gradúan hoy día con una deuda que de media alcanza las 44.000 libras[123]. El establecimiento de una herencia universal ayudaría mucho a los jóvenes a recibir una

123. Martin Ford (2015): *Rise of the Robots: Technology and the Threat of a Jobless Future*, Nueva York, Basic Books.

educación sin verse lastrados por unas deudas enormes; pero también lo haría la educación gratuita. Otra solución sería aumentar la cantidad de buenos empleos en aquellos cualificados que no requieren un título universitario.

Incluso los recortes en los sistemas de pensiones afectarán negativamente a los jóvenes, sobre todo en el sur de Europa, ya que en los periodos de desempleo estas se ven perjudicadas. Además, los contratos a tiempo parcial y los temporales con salarios miserables no contribuirán a generar pensiones adecuadas en el futuro. Según un estudio británico, los trabajadores tendrán que trabajar casi hasta los 81 para lograr una jubilación equiparable al estándar de la generación de sus padres[124]. Sigue aumentando la probabilidad de ser precario durante toda la vida.

¿POR QUÉ NO UNA REVUELTA DIRIGIDA POR LOS JÓVENES?

La película japonesa *Battle Royale* (2000) comienza con el anuncio de que la tasa de paro ha alcanzado el 15%, y provoca un colapso social. Para mantener el orden, el gobierno decide que los jóvenes necesitan ser disciplinados, de modo que cada año selecciona al azar una clase de estudiantes de secundaria y los hace participar en una lucha a muerte al estilo que más tarde imitaría *Los juegos del hambre*. El hecho más sorprendente relacionado con la premisa de la película no es la severidad de la represión, sino que la situación en España y Grecia era peor que en aquella distopía japonesa. Los jóvenes tenían amplias razones para rebelarse.

124. Vicky Shaw (2016): "Workers May Need to Retire as Late as 81 to Get a Pension like Their Parents', Report Warns", *The Independent*, 2 de marzo, en http://www.independent.co.uk/news/business/news/pension-age-retire-royal-london-westminster-81-a6906676.html

Tanto en España como en Grecia se produjeron revueltas dirigidas por los jóvenes. Las plazas entraron en erupción, respectivamente, con el movimiento de los indignados y con las propuestas convocadas en la plaza Syntagma; pero, de momento, estas protestas no se han traducido en cambios sociales rotundos, y mucho menos en una revolución. El peso de la demografía es un obstáculo para los cambios impulsados por las generaciones más jóvenes en el Primer Mundo. Incluso si los jóvenes fueran de una opinión unánime, seguirían formando una parte relativamente pequeña del electorado.

Si comparamos la actual proporción de personas menores de 30 años en España y Grecia (como un porcentaje del total de los adultos) con la que había durante una serie de grandes levantamientos, las cifras resultan reveladoras. En Grecia y España, en 2012, los jóvenes eran un 18% y un 19%, respectivamente. Durante la Transición española, sin embargo, la proporción era del 29%. En Francia, durante Mayo del 68, era del 27%. Durante la Primavera Árabe, la proporción en Egipto fue del 40%[125]. En definitiva, no hay suficientes jóvenes como para que, por sí solos, puedan lograr un cambio de régimen mediante la movilización en las calles. En términos comparativos, forman un grupo históricamente pequeño.

Así, aunque esta situación adversa para los jóvenes se podría, en teoría, cambiar a través de las urnas, estamos inmersos en un círculo vicioso. Mientras que las decisiones políticas sean perjudiciales para los jóvenes, su nivel de participación electoral seguirá siendo bajo. Y cuanto menor sea su participación, los resultados serán peores para ellos. En el conjunto de la OCDE, los jóvenes

125. Asimismo, en Argentina, en 2001, tras su crisis de la deuda, la cifra fue del 33%. Cuando Suharto fue derribado en 1998 en Indonesia, tras unas manifestaciones masivas, la proporción de la población adulta con menos de 30 años fue del 41%.

participan un 10% menos que el resto de la población[126]. Cuando la participación de la generación más joven cae por debajo del 50% existe un claro problema de legitimidad democrática —como es el caso de las elecciones al Parlamento europeo—, y es muy preocupante que la mayor parte de una generación se desconecte del funcionamiento básico de la democracia representativa.

Los jóvenes son pesimistas sobre el futuro y están frustrados en el presente. No hay razón para creer que se decantarán automáticamente hacía las políticas progresistas, como sí hicieron recientemente en Reino Unido. La falta de oportunidades puede desencadenar la búsqueda de chivos expiatorios, una tendencia especialmente alta entre jóvenes blancos de clase obrera, que quizá puedan verse a sí mismos como los que salen perdiendo más. En Francia, Marine Le Pen tiene sólidos apoyos entre los jóvenes. En Estados Unidos, cuanto más joven sea una generación, mayores son su grado de desconexión política y su predisposición a apoyar formas de gobierno no democráticas[127].

Hay una tendencia a culpar a los votantes mayores por unos resultados políticos indeseables y por sabotear las futuras posibilidades de las vidas de los jóvenes. Esto sucedió inmediatamente después del referéndum de Brexit, donde los más mayores votaron por irse y los jóvenes por quedarse. Resulta tentador plantear las cuestiones en términos de guerra generacional que enfrenta a los jóvenes contra los mayores. Las políticas en materia de sanidad, pensiones, deuda y cambio climático pueden expresarse de este modo.

---

126. OECD: "Society at a Glance 2011. OECD Social Indicators", en http://www.oecd.org/social/soc/societyataglance2011.htm (consultado el 8 de julio de 2016).

127. Roberto Foa y Yascha Mounk (2015): "Are Americans Losing Faith in Democracy?", *Vox*, 18 de diciembre, en http://www.vox.com/polyarchy/2015/12/18/9360663/is-democracy-in-trouble

La guerra generacional representa una excusa conveniente y una implicación infundada de la cuestión de la distribución. Es un elemento indicativo de la ausencia de solidaridad y contribuye a profundizarla. Las generaciones mayores controlan una parte desproporcionada de la riqueza y del poder. Pero, a su vez, la riqueza y el poder están concentrados de forma muy desigual dentro de una misma generación; la transmisión hereditaria de la riqueza reproduce estas divisiones. Cuanto menor sea movilidad social, más probable es que los hijos acabarán ocupando la posición social de sus padres. Y, por lo tanto, la contraposición ricos-pobres es mucho más relevante que mayores-jóvenes.

Las cohortes de *millennials* que han sido machacadas duramente por la crisis forman un componente necesario para cualquier tipo de alternativa política. Pero no serán suficientes por sí mismos. Es un poco deprimente ir a encuentros de masas y observar un océano de pelo gris entre la audiencia —he visto unos cuantos—, pero así será nuestro futuro. La nueva mayoría progresista será por definición intergeneracional o no será. Una nueva mayoría progresista será por definición intergeneracional o nunca existirá.

EL ENCANECIMIENTO DEL PRIMER MUNDO

El Estado de bienestar fue diseñado, en el contexto del *baby boom*, para una población con una distribución de edad muy diferente. Esto ha llegado a su fin. El envejecimiento del Primer Mundo es un hecho. Japón, donde las ventas de pañales para adultos han superado ya las ventas de pañales para bebés, es el caso paradigmático. Uno de cada cuatro japoneses tiene más de 65 años de edad y uno de cada diecisiete japoneses padece demencia[128]. La población de

128. Steve Mollman: "By 2017, One in 17 Japanese Will Have Dementia. Here's How the Country Plans to Cope", *Quartz*, en http://qz.com/557163/

Europa estará estancada durante las próximas décadas, y ya hay más muertes que nacimientos, una disminución natural[129]. Se espera que la población de cerca de la mitad de los países de la Unión Europea descienda de aquí al 2060. Se nos acerca el mundo sin hijos de se describía en *Hijos de los hombres*.

Las ramificaciones geopolíticas son enormes. Los habitantes de los estados de la Unión Europea comprendían alrededor del 15% de la población mundial en 1950, pero serán menos del 5% en 2060. Cuando las tropas de Mussolini invadieron Etiopía en 1935, la población de Italia era más del doble que la del imperio de Ras Tafari. Según las estimaciones actuales, en 2050 Etiopía tendrá una población tres veces mayor que la de Italia. También está previsto para mediados de este siglo que Nigeria alcance una población mayor que la de Estados Unidos. El antiguo Primer Mundo pronto supondrá una parte insignificante de la población mundial.

En estas sociedades envejecidas, la media de edad de la población será mayor, la proporción de mayores de 65 años será mayor y la gente pasará casi un tercio de sus vidas jubilada. Habrá menos personas trabajando en relación con los que están fuera del mercado laboral. Se calcula que en 2013 la población en edad de trabajar había ya alcanzado su punto máximo en la mitad de los países de la Unión Europea. En la actualidad, hay aproximadamente cuatro personas en edad de trabajar por cada persona mayor de 65 años; en 2060, la proporción será de dos a uno. Lo que se llama la tasa de dependencia se está deteriorando.

---

by-2017-one-in-17-japanese-will-have-dementia-heres-how-the-country-plans-to-cope/ (consultado el 8 de julio de 2016).

129. Kenneth M. Johnson, Layton M. Field y Dudley L. Poston (2015): "More Deaths Than Births: Subnational Natural Decrease in Europe and the United States", *Population and Development Review*, 41, 4, 1 de diciembre, pp. 651-680.

Los cambios demográficos aumentarán los costes asociados con el envejecimiento de la sociedad. Las pensiones, la atención médica y la atención a la dependencia representarán a largo plazo una carga más pesada. El problema no es que haya demasiadas personas mayores; que la esperanza de vida sea más larga representa un gran logro. El problema será pagar estos programas. La situación actual complica la financiación de la seguridad social. La baja fertilidad y la emigración (desde los países mediterráneos) son perjudiciales para la sostenibilidad de las pensiones. Lo mismo ocurre con la hostilidad hacia los inmigrantes. Además, los salarios precarios representan un desafío particular. Se traducen en trabajadores que contribuyen menos a los esquemas comunes que sostienen los fondos de pensiones. Sin embargo, cuando los salarios se aumentan, es más fácil sostener estos sistemas. Lo que importa no es tanto el número total de trabajadores, sino si se pueden movilizar recursos suficientes para preservar los derechos universales adquiridos.

EL ATAQUE A LAS PENSIONES

Al comienzo de su primer mandato, George W. Bush invocó el espectro de una crisis en la sostenibilidad de las pensiones. Dio la voz de alarma sobre problemas que aún tardarían décadas en aparecer. Su objetivo era privatizar las pensiones públicas y reducir masivamente el tamaño del gobierno. Los fundamentalistas del mercado defienden este modelo, con el que los trabajadores tendrían que ahorrar lo suficiente por su cuenta para pagar su jubilación o acabar en la pobreza. Comprensiblemente, después de la crisis, la idea de confiar a la Bolsa los ahorros para la jubilación de la gente provoca mucho menos entusiasmo. Pero como la tasa de la dependencia seguirá empeorando, muchos políticos continuarán insistiendo en que las pensiones no se pueden sostener.

A finales de 2015, el gobierno español, que no quería ser portador de malas noticias, prescindió de enviar una carta a los mayores de 50 informándoles de la reducción que habían sufrido sus futuras pensiones públicas. La Comisión Europea prevé grandes ahorros debido a los recortes de las pensiones en las próximas décadas, y la mayor caída[130] en el tamaño de las pensiones en comparación con los salarios en el momento de la jubilación, del 65% al 40%, será en España. La crisis económica ha proporcionado la excusa perfecta para que los gobiernos recorten directamente las pensiones. En Grecia se han recortado más de diez veces desde 2010. En otros casos, los países han dejado de ligar las pensiones a la inflación, resultando en la pérdida de poder adquisitivo.

Hasta hace poco, la reforma típica de las pensiones tendía a priorizar el mantenimiento de las pensiones actuales sobre las futuras; era una forma de postergar los problemas, dejando siempre para después las cuestiones más importantes. Por lo tanto, la reducción en las pensiones existentes es un acontecimiento nuevo y ominoso. La nueva ronda de recortes es, en palabras de la Comisión Europea, "extraordinaria"[131], porque afectan los derechos adquiridos de los pensionistas actuales. Las personas que no han acumulado grandes niveles de riqueza privada dependen de los beneficios estatales y se ven incapaces de compensar esos recortes en su principal fuente de ingresos.

---

130. "The 2015 Ageing Report: Economic and Budgetary Projections for the 28 EU Member States (2013-2060)", en http://ec.europa.eu/economy_finance/publications/european_economy/2015/ee3_en.htm (consultado el 11 de julio de 2016).

131. "The 2015 Pension Adequacy Report: Current and Future Income Adequacy in Old Age in the EU", en http://ec.europa.eu/social/main.jsp?catId=738&langId=en&pubId=7828&visible=0& (consultado el 8 de julio de 2016).

En Japón, los pensionistas han empezado a cometer delitos menores para ser enviados a la cárcel[132]. Allí, la comida, el alquiler y la sanidad están completamente pagados. Las pensiones bajas y unas tasas altas de pobreza están vinculadas. Corea del Sur tiene precisamente las prestaciones más bajas y la tasa más alta de pobreza entre la gente mayor, con uno de cada dos pensionistas en riesgo de sufrirla[133]. Una pensión decente puede marcar la diferencia para mucha gente a la hora de tener dinero suficiente para pagar la calefacción en invierno o comprar comida; literalmente la diferencia entre la vida y la muerte. Para compensar el envejecimiento de la población, hay supuestamente que encontrar un punto de equilibrio entre la subida de impuestos (con el consiguiente aumento de la redistribución), el aumento en la edad de la jubilación (favoreciendo el trabajo precario entre la gente mayor) y la reducción de las pensiones. En realidad, esto no supone compensación alguna: o se aumenta la redistribución o habrá más pobreza entre la gente mayor.

El envejecimiento de la población pone de manifiesto la necesidad de establecer una garantía de seguridad económica que no dependa exclusivamente del empleo. En Estados Unidos, uno de cada tres trabajadores no tiene[134] ningún ahorro para la jubilación. Los mercados laborales y las tasas de dependencia seguirán deteriorándose conjuntamente. Las pensiones tendrán que ser aseguradas a través de los impuestos generales y no,

132. Leo Lewis (2016): "Japan's Elderly Turn to Life of Crime to Ease Cost of Living", *Financial Times*, 27 de marzo, en http://www.ft.com/cms/s/0/fbd435a6-f3d7-11e5-803c-d27c7117d132.html#axzz44CzxAmuC
133. OCDE, "Pensions at a Glance 2015. OECD and G20 Indicators", en http://www.oecd.org/publications/oecd-pensions-at-a-glance-19991363.htm (consultado el 8 de julio de 2016).
134. Carlos Joly (2016): "Why We Should Stop Talking About 'Human Capital'", *Social Europe*, 13 de enero, en https://www.socialeurope.eu/2016/01/inhuman-capital-and-human-value/

como tradicionalmente, por las contribuciones ligadas a los salarios. Esto implica un mayor grado de redistribución enmarcado dentro de una estrategia más centrada en los derechos universales que en las prestaciones derivadas del trabajo. Austria ha tenido mucho más éxito al seguir este modelo que Alemania, que no lo ha hecho. En lo que todo el mundo está de acuerdo es en que, después de una vida contribuyendo y trabajando, la gente tiene derecho a una jubilación digna. Pero la propuesta más radical sería garantizar a todos la seguridad económica cuando sus ingresos laborales sean insuficientes. Las pensiones son la vanguardia de una garantía de rentas.

La gente mayor tiene una muy buena razón para participar mucho más activamente en las elecciones que los jóvenes: una parte mucho mayor de sus ingresos depende del Estado. Las bajas tasas de interés significan que el ahorro privado será cada vez menos confiable en el futuro como fórmula para pagar la jubilación. Y la precariedad de hoy se traducirá en ahorros aún menores mañana. La proporción de la población jubilada interesada en que la seguridad económica esté públicamente garantizada seguirá creciendo. A medida que las sociedades continúen envejeciendo, será cada vez más evidente que el proveer o no esta garantía es una elección social.

Así como los jóvenes no son necesariamente más progresistas, la gente mayor no tiene por qué ser por defecto más conservadora. Especialmente en el campo económico. Será políticamente necesario atraer el apoyo de tantos pensionistas como sea posible. Pueden funcionar como los aliados naturales de una coalición en favor de mayores niveles de redistribución. La defensa de las pensiones también representa una oportunidad única para ir más allá. Nos permite defender el principio general de que todo el mundo merece la seguridad económica como una cuestión de derecho. La base potencial para este proyecto es muy amplia y muy diversa.

CONSTRUYENDO LA COALICIÓN ARCOÍRIS

En ámbitos como el Estado, la nación, el idioma, la religión, la clase, la raza, el género, la generación, la familia, etc., todos tenemos vínculos que pueden entrar en conflicto entre sí. Si te crías, como yo lo hice, siendo un canadiense-español-vasco, judío y ateo, rápidamente se hace evidente que se pueden ser muchas cosas a la vez. Algunos de mis amigos con antecedentes menos exóticos se irritan cuando apoyo a la selección española cuando se trata del fútbol, pero a Canadá en el hockey sobre hielo. En los deportes, como en la vida, tenemos que elegir nuestras lealtades[135].

En Cataluña, el viejo sistema de partidos se ha reconfigurado según formas contrapuestas de nacionalismo. La gente quiere tener un sentimiento de pertenencia y actúa sobre la base de lealtades grupales. La gran pregunta es qué identidad o identidades se activan en un momento dado. Los actores políticos tienen constantemente que escoger cuáles son las divisiones sociales que desean enfatizar. Tienen que elegir qué coaliciones sociales tratarán de articular. Es un mito que uno pueda elegir si entrar o no al juego de las políticas identitarias: lo único que se puede elegir es de qué tipo de política identitaria se es partidario.

La derecha radical es actualmente la reina indiscutible en este juego. Trabaja duramente para alimentar los temores de una tribu blanca bajo asedio, que ve cómo sus formas de vida tradicionales y su identidad son amenazadas por diferentes intrusos. Se alimentan del nacionalismo y del chovinismo. Las afinidades de grupo y el apego visceral explican su éxito mucho mejor que cualquier tipo de argumento razonado; prosperan a base de convertir a

135. Cuando España y Canadá lucharon durante la guerra del fletán en los noventa, la opción sensata era estar del lado de los peces.

las minoría étnicas y religiosas, a los inmigrantes, a los mujeres, etc. en chivos expiatorios. Pero paralelamente, otros han convertido a la "política identitaria" en un chivo expiatorio para explicar los fracasos de los progresistas. Bajo esta línea de razonamiento, el fracaso o el éxito se define dependiendo de si las sensibilidades de los hombres blancos son suficientemente tomadas en cuenta.

"Han ido demasiado lejos con lo de ser políticamente correcto", nos dicen. La sociedad educada se ha vuelto tiránica y las restricciones a la libertad son intolerables. Se debe permitir que la gente discrimine abiertamente. La gente debería poder "decir las cosas como son". Sin embargo, en respuesta a las declaraciones de Berlusconi en contra de la capacidad de la candidata embarazada, la ministra de Salud italiana, Beatriz Lorenzin, respondió: "Nadie le dice a un hombre que es feo y gordo". Los desequilibrios de poder existentes en la sociedad son la causa de que, de hecho, la mayoría de la gente no pueda "decir las cosas como son". Si lo hiciera, una bacanal de jerarquías trasnochadas se les echaría encima. Cuando se trata de soportar las duras verdades, los hombres conservadores se vuelven más vulnerables que un copo de nieve.

Durante un debate en el partido sobre el tema de la prostitución, un conocido se quejó irónicamente: "Ya no se puede fumar en los bares, no se puede ir a las corridas de toros y ahora nos queréis quitar la prostitución. ¿Qué vamos a hacer con nuestros fines de semana?". Hablaba de una forma de vida que hace no tanto se consideraba perfectamente normal, a pesar de que implicaba el riesgo de cáncer para los camareros, la crueldad con los animales y la explotación de las mujeres. Tomar la posición masculina, blanca y heterosexual como el estándar social de normalidad es también una forma de política identitaria. Y en este caso, una muy equivocada. Privilegia un conjunto de experiencias sobre todos los demás en medio de un mundo de diversidad. No es la manera de construir la unidad.

Algunas identidades son más propicias a ser inclusivas que otras. La clase obrera es de amplio alcance. El *Volk* y la nación, por otra parte, están restringidos por sus límites. Los que están fuera de la nación no tienen por qué ser enemigos, pero nunca se sabe. Es difícil configurar un frente nacional que sea tolerante con los que no pertenecen a él. Donde la sangre y las fronteras son las claves de la pertenencia, la política fácilmente pude comenzar a girar en torno a la sangre y las fronteras.

La clase obrera en tanto que motor de la historia fue la más grande de las aportaciones del siglo XIX; el surgimiento del nacionalismo, la segunda. Los partidos que estructuraron su identidad alrededor del trabajo han tenido grandes dificultades para adaptarse a un mundo donde la identidad de clase cobra menos importancia. Toda su simbología parece estar en declive, si no completamente obsoleta. El proletariado industrial nunca fue una mayoría, pero ahora es aún más minoritario. El nacionalismo, en cambio, está volviendo. Ha resucitado para luchar contra la globalización y el cosmopolitismo en igual medida. En una época de caos, ofrece el encanto de la solidez.

La doctrina del excepcionalismo nacional es omnipresente. Los nacionalistas de todas las banderas se benefician de un gigantesco aparato patriótico de símbolos, himnos y fiestas. Las escuelas enseñan la historia militar del país y entrenan a los niños a recordar las mayores invenciones de la nación. Canadá reclama el baloncesto y los husos horarios; España, el submarino y la fregona. Políticamente, los nacionalistas siempre cuentan con la ventaja de jugar en casa. Las descripciones del carácter nacional son como los horóscopos: todo el mundo se puede sentir aludido. Entonces ¿no hay otra alternativa que enrollarse en la bandera a la hora de estructurar lealtades?

La lealtad incondicional a una comunidad imaginada nace de la incapacidad de imaginar alternativas. Los nacionalistas, como los populistas, evitan y esconden las contradicciones internas. Lo nacional configura su unidad subsumiendo sus diferencias. Aquellos que tienen mucho que ganar les ceden el paso a aquellos que tienen mucho que perder: la euforia soberanista oculta el conflicto distributivo. La gloria y el orgullo sustituyen a la justicia y la equidad. Lo místico obstaculiza lo práctico[136].

Las diferencias pueden ser reconocidas sin que ello implique estructurar la política en torno a ellas. El hecho de que el nacionalismo sea tan prevalente no significa que tenga que ser permanente: la grandilocuencia de sus defensores impide ver su debilidad, pero está ahí. Sus orígenes son recientes, su futuro incierto. El gran desafío será crear comunidades sin exaltar la esencia de la nación. Solo de esta conseguirá se podrá irradiar solidaridad hacia afuera, en lugar de replegarse hacia adentro; se logrará hacer frente a realidades complicadas sin verse abrumado por su complejidad y se podrá casar lo local con lo global y con todo lo que está entre medias.

Los problemas más graves de nuestra era tienen causas transnacionales y, por lo tanto, necesitarán soluciones transnacionales. Una coalición progresista del futuro tendrá que ser necesariamente plural. Tendrá que tener en cuenta un abanico de puntos de vista, perspectivas y discriminaciones específicas. Para lograr sus objetivos mínimos, sus ambiciones deberán ser planetarias.

136. Es decir, más Atkinson, menos Laclau.

CAPÍTULO 5

DEMOCRACIA O ECOAPARTHEID

Vivimos en un estado de crisis ecológica permanente. Toda la política es ahora política climática. Los niños que nazcan hoy llegarán a ver el área de alrededor de Sevilla convertida en un desierto si el cambio climático no se frena. Sin embargo, a juzgar por los intrincados giros de la política española, no sabemos si se conseguirá. Los principales partidos políticos no están colocando el clima como un tema prioritario en sus agendas. Las disputas cotidianas de los partidos y la política en torno a la catástrofe planetaria no coinciden de momento. Las negociaciones sobre el clima parecen tener lugar en otro planeta y tratar acerca de un planeta que no es el nuestro; ni siquiera el Acuerdo de París hace referencia a los combustibles fósiles o la descarbonización. Formamos parte de una civilización que camina sonámbula hacia su propia destrucción.

El día a día es una reminiscencia de las peleas en el mundo de *Juego de tronos*. Los actores están distraídos por sus intrigas, enfocadas a lograr alguna ventaja temporal. Unos pocos solitarios mantienen la guardia y hacen sonar la alarma. Todos los demás permanecen ajenos a la amenaza existencial que se está desplegando. En nuestro caso, se trata del cambio climático y no de zombis de hielo. La gente sencilla pagará el precio igualmente. Mientras que el capitalismo ha estado comprando tiempo para sí mismo, ha estado perdiendo un tiempo que podría haberse utilizado para evitar la catástrofe. Por eso, el cambio climático se destaca como el principal problema del Primer Mundo.

Los efectos desastrosos del cambio climático serán al mismo tiempo universales y desiguales. Universales porque no hay ninguna parte del mundo que vaya a escapar del impacto del cambio climático global. Desigual porque su impacto será mayor o menor en función de la posición de partida (geográfica, nacionalidad, clase social, etc.) de cada individuo. Los más vulnerables al cambio climático serán también los que tienen más dificultades para adaptarse. El cambio climático afectará en mayor medida a los pobres del mundo y exacerbará las desigualdades existentes. Reproduce el conflicto entre *insiders* y *outsiders*, pero a escala global.

LA DESIGUALDAD GLOBAL COMO EL GRAN DETONANTE

La desigualdad impulsa la migración. Cuanto mayor sea la disparidad en las condiciones, mayor será el incentivo para que la gente se mueva en busca de mayores oportunidades. Si se puede desplazar, se desplazará. Cientos de miles de jóvenes griegos, españoles e italianos emigraron hacia el norte de Europa por el atractivo de las oportunidades, no por su comida o su clima. Y a pesar de sus problemas, el nivel de vida en el Primer Mundo sigue siendo mucho mayor que en cualquier otro lugar. Los inmigrantes pueden esperar que sus salarios se multipliquen entre cuatro y doce veces con respecto a los de sus países de origen[137], y las protecciones sociales son superiores que en otros

137. David Miller (2016): *Strangers in Our Midst: The Political Philosophy of Immigration*, Cambridge, Massachusetts, Harvard University Press.

lugares. Los migrantes seguirán arriesgando sus vidas para lograr cruzar las fronteras.

La migración es impulsada por factores de empuje y de atracción. La alternativa a la autarquía es abordar estos dos componentes. Promover la convergencia económica entre países ricos y pobres reduciría el factor de atracción. Aquellos que no quieren inmigrantes pero tampoco quieren que los países pobres prosperen difícilmente pueden tener ambas cosas a la vez. Rechazar a la inmigración pero comportarse de tal manera que hayan más migraciones es una mezcla incoherente. Sin embargo, es el factor de empuje que será cada vez más importante.

El cambio climático, que es la consecuencia de la producción y consumo masivos de carbono a nivel mundial, será el mayor motor de la migración. Cuanto más carbono se emita, mayor será la catástrofe ecológica. Cuanto mayor sea la escala de la catástrofe ecológica, mayor será el número de refugiados climáticos que se generará. Más migrantes significa más presión sobre las fronteras de los países más ricos. Y una mayor presión sobre las fronteras avivará las llamas de la derecha radical.

Enfrentarse al cambio climático implicará necesariamente enfrentarse a la derecha radical. Será la gran causa internacionalista de nuestro tiempo. Este capítulo comienza como una advertencia: las consecuencias de la inacción serán inmensas. El inimaginable desastre está por venir. Los reaccionarios intentarán imponer un régimen de ecoapartheid, y la democracia morirá sobre una pira de codicia. Este proceso ya está en marcha.

Para que el horror sea confrontado, primero debe ser nombrado. Este lenguaje pretende ser descriptivo, no inflamatorio. Necesitamos concentrar nuestras atenciones. El tiempo se está agotando, pero aún no está todo perdido. Todavía es posible una alternativa. Por ello, este capítulo trata también de cómo llevarla a cabo. Su principio dinamizador será la solidaridad transnacional; su método será la movilización masiva, y su principal objetivo será una descarbonización radical de la economía.

EL INMINENTE DESASTRE DEL CARBONO

El cambio climático conducirá a un desastre de proporciones bíblicas y de muertes en masa. Se prevé que el 98% de estas muertes tendrán lugar en países en vías de desarrollo[138]. En 2005, la Organización Mundial de la Salud estimó una pérdida de 150.000 vidas cada año[139]. Desde entonces, el Climate Vulnerability Monitor ha elevado esta previsión hasta las 400.000[140]. Proyecta una cifra de seis millones de muertos al año en 2030 debido el uso del carbono (por el cambio climático, la contaminación, etc.) y un total de más de 100 millones en las dos décadas anteriores. Las cifras previstas superan el número combinado de muertes tanto de la Primera Guerra Mundial como de la Segunda. Nuestro vocabulario aún no tiene una palabra para describir los cambios producidos por el cambio climático; unos cambios que no nos esperan en el futuro, sino que al menos en parte están ya presentes.

Los más pobres dentro de la distribución global de los ingresos serán los más vulnerables por tres razones: están más expuestos a las sacudidas negativas, pierden una mayor proporción de sus activos cuando ocurre un desastre, y tienen redes de seguridad social más débiles y menos salvaguardias cuando se trata de planificar para el futuro.

138. Damian Tago y Alban Thomas (2015): "Failure to Address Global Warming Will Cost Many Lives", *The Economist*, 10 de diciembre, en http://www.economist.com/blogs/freeexchange/2015/12/climate-change?fsrc=rss

139. Jonathan A. Patz, Diarmid Campbell-Lendrum, Tracey Holloway y Jonathan A. Foley (2005): "Impact of Regional Climate Change on Human Health", *Nature*, 438, nº 7066, 17 de noviembre, pp. 310-317, doi: 10.1038/nature04188.

140. "Climate Vulnerability Monitor 2012 - DARA", en http://daraint.org/climate-vulnerability-monitor/climate-vulnerability-monitor-2012/ (consultado el 8 de julio de 2016).

Los desastres naturales y los fenómenos meteorológicos extremos que perturban la agricultura y la seguridad alimentaria afectarán a los pobres de manera desproporcionada. Estos desastres son cada vez más frecuentes y más severos, y esta tendencia continuará en el futuro. En las dos últimas décadas, el número de desastres naturales por año se ha duplicado[141], pasando de 200 a 400. Habrá más olas de calor, más sequías y más inundaciones. Cuatro mil millones de personas tendrán que hacer frente al riesgo de sufrir escasez de agua[142].

El cambio climático reducirá el rendimiento de los cultivos. Aquellos que viven en tierras agrícolas pobres, superpobladas y marginales serán desplazados forzosamente en busca de alimentos cuando se acaben las lluvias. Paralelamente, los mares están subiendo más rápido que nunca a causa del derretimiento del hielo de los polos. En todo el mundo, los que viven en tierras propensas a las inundaciones se desplazarán de manera similar cuando la lluvia llegue en exceso. Los hogares de 130 millones de personas están en riesgo de quedar sumergidos si el planeta se calienta un par de grados[143]. Esta previsión se eleva a hasta los 760 millones si el calentamiento alcanza los cuatro grados.

Esta combinación de factores conducirá a un gran aumento en la migración forzada. Las cifras de nuevo son asombrosas. En 2012, 32 millones de personas fueron expulsadas de sus hogares por las condiciones climáticas extremas. La desertificación puede causar 50 millones de

141. "Climate Change and Population Health", SPH, Boston University, School of Public Health, en http://www.bu.edu/sph/2015/09/06/climate-change-and-population-health/ (consultado el 8 de julio de 2016).

142. "4 Billion People Face Water Shortages, Scientists Find", *World Economic Forum*, en https://www.weforum.org/agenda/2016/02/4-billion-people-face-severe-water-scarcity-at-least-for-one-month-every-year/ (consultado el 8 de julio de 2016).

143. "Mapping Choices: Carbon, Climate, and Rising Seas", en http://sealevel.climatecentral.org/research/reports/mapping-choices-carbon-climate-and-rising-seas-our-global-legacy (consultado el 11 de julio de 2016).

refugiados climáticos en el transcurso de una década. Y puede que para 2050 haya 200 millones de refugiados climáticos[144]. Esto intensificará la consolidación de unos megabarrios de chabolas por toda la parte sur del planeta. El Banco Mundial prevé[145] que, si no se ponen medidas correctivas, el cambio climático podría dejar en la pobreza extrema a más de 100 millones de personas para el año 2030. Esto equivaldría, aproximadamente, a la suma de las poblaciones de Alemania, Holanda y Dinamarca.

El cambio climático no se limitará al desastre ecológico. También contribuirá a que se produzcan catástrofes políticas derivadas del choque climático. Una de las posibles causas de la crisis en Siria fue la sequía que hubo entre 2007 y 2010, la peor en más de un milenio en el Medio Oriente. Las pérdidas de cosecha desplazaron a los agricultores hacia las zonas urbanas, aumentando las tensiones sociales[146]. Sería ingenuo esperar que el impacto se limitara al clima cuando lo cierto es que se producirán enormes migraciones forzadas. Los refugiados sirios fueron solo el comienzo. Los desplazamientos masivos plantean un desafío al orden político en todas partes. Pronto,

---

144. David Held (2015): "The Migration Crisis In The EU: Between 9/11 And Climate Change", *Social Europe*, 10, en https://www.socialeurope.eu/2015/09/the-migration-crisis-in-the-eu-between-911-and-climate-change/; Avaneesh Pandey (2015): "Land Degradation, Desertification Might Create 50 Million Climate Refugees Within A Decade", *International Business Times*, 15 de septiembre, en http://www.ibtimes.com/land-degradation-desertification-might-create-50-million-climate-refugees-within-2097242; Phil McKenna: "Migrant Crisis: 'If We Don't Stop Climate Change, Then What We See Right Now Is Just the Beginning'", *Quartz*, en http://qz.com/501807/migrant-crisis-if-we-dont-stop-climate-change-then-what-we-see-right-now-is-just-the-beginning/ (consultado el 8 de julio de 2016).
145. "Managing the Impacts of Climate Change on Poverty", en http://www.worldbank.org/en/news/infographic/2015/11/08/managing-the-impacts-of-climate-change-on-poverty (consultado el 8 de julio de 2016).
146. Craig Bennett (2015): "Failure to Act on Climate Change Means an Even Bigger Refugee Crisis", *The Guardian*, 7 de septiembre, en https://www.theguardian.com/environment/2015/sep/07/climate-change-global-warming-refugee-crisis

el Primer Mundo tendrá que lidiar con millones de refugiados climáticos que llegarán tratando de escapar de las hambrunas, los conflictos y otras catástrofes. El choque climático, el colapso económico y la violencia política irán juntos.

LOS QUE CAUSAN EL PROBLEMA NO SON LOS QUE SUFREN LAS CONSECUENCIAS

La culpa de esta situación la tiene toda una forma de vida. Los símbolos de estatus del capitalismo —entre otros los coches rápidos, la carne roja y los viajes de negocios— descansan sobre unos enormes niveles de emisión de carbono. El turbo-consumismo del Primer Mundo genera serias consecuencias para el resto del planeta. Los estilos de vida de los ricos representan una amenaza para los niveles de vida de miles de millones de personas pobres. Podría trazarse una cadena invisible de causalidad entre la producción de un Volkswagen en Baviera (o un camión Ford en Detroit, o un Toyota, etc.) y la probabilidad de sequía en el Sahel, aunque quizá sea más conveniente no pensar en ello.

Al igual que la riqueza, las emisiones globales de CO_2 están altamente concentradas. Lucas Chancel y Thomas Piketty calcularon que el 45% de las emisiones son causadas por el 10% más rico[147]. El 50% más pobre emite solo el 13% del total global. El 1% más rico emite, de media, dos mil veces más CO_2 que el 1% más pobre. Las desigualdades son tremendas. De hecho, Liberia consume menos energía al año que el estadio de fútbol de los Dallas Cowboys[148].

En términos históricos, la Unión Europea y América del Norte (que hoy en día suponen una séptima parte de la

147. Lucas Chancel y Thomas Piketty: "Carbon and Inequality: From Kyoto to Paris", en http://piketty.pse.ens.fr/files/ChancelPiketty2015.pdf (consultado el 11 de julio de 2016).
148. Paul Farmer (2014): "Diary", *London Review of Books*, 23 de octubre.

población mundial) son responsables del 20% y el 27% de las emisiones de CO_2 respectivamente, casi la mitad del total entre las dos. Rusia y Asia Central (es decir, la histórica Unión Soviética) es responsable de otro 15% y los demás países ricos del 5%. Así que, en total, dos tercios de las emisiones provienen de un segmento de la población muy reducido. África, por su parte, solo ha producido el 5%, América Latina el 6% y la región de Asia del Sur solo el 7%.

Aunque China va ahora a la cabeza en cuanto a las emisiones, lidera también en lo que tiene que ver con inversiones en energía verde. Mientras tanto, la responsabilidad histórica de gran parte del total de las emisiones de carbono se puede atribuir a los países ricos. Los que controlan y los que se benefician de la mayor producción son también los más responsables del cambio climático. Pero las poblaciones ricas permanecen inconscientes. Las encuestas muestran que los países que más emiten son también los menos preocupados[149] por el cambio climático.

La máscara de la muerte roja, de Edgar Allan Poe, sirve como alegoría. Poe describe la llegada de la muerte roja, una terrible plaga que acecha la Tierra. A los afligidos "se les denegaba la ayuda y la simpatía de sus semejantes". Sin embargo, a Prospero, el Príncipe, no le preocupaba. Aunque la mitad de sus súbditos habían fallecido, él decide retirarse con mil miembros de su corte a uno de sus palacios, bien provisto y con fortificaciones fuertes. Allí monta una serie de festines para los caballeros y las damas, culminando en un suntuoso baile de máscaras que coincide justo con el peor momento de la peste. Al final, sus esfuerzos para apartarse del desastre fracasan miserablemente y su corte sucumbe. La advertencia no podría ser más clara. En nuestro mundo hay ya zonas que están

149. "High CO2 Emitters Are Less Intensely Concerned about Climate Change", *Pew Research Center's Global Attitudes Project*, 3 de noviembre de 2015, en http://www.pewglobal.org/interactives/climate-concern/

intentando abastecerse y apartarse de los efectos del cambio climático. La fiesta consumista continúa sin parar. Pero suena un reloj siniestro, alertándonos de la perdición inminente.

Los países más ricos se han embarcado en un viaje peligroso. Están optando por lidiar con el cambio climático a través de estrategias de adaptación y no de mitigación. La adaptación implica lidiar con las consecuencias; la mitigación, con las causas subyacentes. Son los más ricos quienes están mejor posicionados para adaptarse. El dinero es lo que hace posible construir diques más altos o garantizarse comida suficiente a través de los mercados globales. Los ricos lo tienen más fácil para prepararse; son más capaces de responder y más capaces de recuperarse.

De manera preocupante, las estrategias se centran actualmente más en proteger la riqueza que en proteger a las personas. Después de que el huracán *Sandy* golpeara Nueva York y provocara apagones eléctricos en gran parte de la ciudad, los agentes inmobiliarios de lujo empezaron a anunciar que sus propiedades incluían generadores de energía de apoyo[150]. Los pobres, como en el caso del huracán *Katrina*, serán dejados a su propia suerte. Esto es un error grave. Abordar las causas subyacentes del cambio climático es la necesidad mundial más urgente.

ACABAR CON LA ADICCIÓN

La Guerra Civil española fue la trágica obertura de la Segunda Guerra Mundial y un adelanto de la titánica lucha ideológica que estaba por surgir. En última instancia,

150. Naomi Klein (2012): "Hurricane Sandy: Beware of America's Disaster Capitalists", *The Guardian*, 6 de noviembre, en https://www.theguardian.com/commentisfree/2012/nov/06/hurricane-sandy-americas-disaster-capitalists

Franco venció a las tropas de la República española gracias al apoyo de sus aliados internacionales: Adolf Hitler, Benito Mussolini y el petróleo subvencionado de Texaco[151]. Su victoria aplastó, durante un tiempo, las esperanzas de democracia e igualdad social en España. Sirvió también para revelar la alianza entre el *Big Oil* y la política reaccionaria. La economía de los combustibles fósiles y las fuerzas antidemocráticas van juntas. Evitar la catástrofe debería ser motivo suficiente para abordar la cuestión del cambio climático. Pero incluso para aquellos que no están convencidos de que exista un deber hacia los demás, existen todavía razones convincentes para que decidan actuar por su propio interés.

Continuar dependiendo de los combustibles fósiles nos hace estar menos a salvo. El dinero gastado en petróleo termina en manos de unos petro-estados que están alimentando el conflicto, desde Oriente Próximo a Ucrania. Los magnates del petróleo autóctonos apoyan a fuerzas reaccionarias donde sea que estas surjan. La Rusia de Putin está financiando a la derecha radical europea y las monarquías del golfo Pérsico patrocinan el terrorismo. En Estados Unidos, los principales contaminadores son también los principales contribuyentes de los políticos[152], sobre todo los del partido republicano. George W. Bush y Dick Cheney eran ambos petroleros; ahora Rex Tillerson, antiguo CEO de ExxonMobil, encarna a la perfección el matrimonio entre el *Big Oil* y el Estado.

La industria de los combustibles fósiles sigue siendo muy activa en la defensa de sus privilegios. Se estima que *Big Oil* gasta 115 millones de dólares al año para obstaculizar

151. Adam Hochschild (2016): *Spain in Our Hearts: Americans in the Spanish Civil War, 1936/1939*, Boston, Nueva York, Houghton Mifflin Harcourt.
152. Tim Dickinson (2016): "The Koch Brothers' Dirty War on Solar Power", *Rolling Stone*, 11 de febrero, en http://www.rollingstone.com/politics/news/the-koch-brothers-dirty-war-on-solar-power-20160211

políticas en materia climática[153]. Tiene sentido que estos sectores defiendan sus intereses. No en vano, según los cálculos del FMI[154], el 3,9% del PIB mundial se destinó a proporcionar subsidios al carbón. Este subsidio (5,3 billones de dólares después de los impuestos) es mayor que el gasto mundial en salud en su conjunto[155]. La mayor empresa de minería de carbón en Estados Unidos, Peabody Energy, financia docenas de grupos negacionistas del cambio climático. Además, resultó sustancialmente beneficiada cuando subió la bolsa tras la victoria de un Trump que, posteriormente, decidió abandonar el Acuerdo de París.

Derrotar al cambio climático es un imperativo moral y una necesidad práctica para evitar el desastre del carbono. Las emisiones de carbono deben reducirse de forma drástica y rápida para evitar una situación distópica y radicalmente desigual. La industria del gas y el petróleo es el nuevo imperio del mal. La destrucción del planeta beneficia a sus accionistas. Sin embargo, todo el mundo sabe que sus enormes beneficios estarán en peligro si se decide actuar contra el cambio climático, y que por lo tanto tienen sus días contados. La sostenibilidad de su modelo de negocio es incompatible con la sostenibilidad del planeta.

El valor actual de las compañías de energía se apoya sobre una gran mentira. Su valoración presupone que podrán seguir contaminando el medioambiente sin

153. Eric Roston: "Trying to Put a Price on Big Oil's 'Climate Obstruction' Efforts", *Bloomberg.com*, en http://www.bloomberg.com/news/articles/2016-04-07/trying-to-put-a-price-on-big-oil-s-climate-obstruction-efforts (consultado el 8 de julio de 2016).
154. "Coal Atlas - Friends of the Earth International", en http://www.foei.org/resources/publications/publications-by-subject/climate-justice-energy-publications/coal-atlas (consultado el 8 de julio de 2016).
155. Damian Carrington (2015): "Fossil Fuels Subsidised by $10m a Minute, Says IMF", *The Guardian*, 18 de mayo, en https://www.theguardian.com/environment/2015/may/18/fossil-fuel-companies-getting-10m-a-minute-in-subsidies-says-imf

límites. Pero para cumplir los objetivos de emisiones que se han marcado, estas empresas no podrán extraer todas las reservas probadas que hay registradas. Para evitar niveles catastróficos de calentamiento, no hay alternativa a una reducción radical de las emisiones de carbono. Por lo tanto, mucho carbono tendrá que quedarse en el suelo; concretamente un 70% si se pretende limitar el efecto del cambio climático a un aumento por debajo de los dos grados[156]. En Canadá se han generado unas fortunas inmensas con la explotación de las arenas bituminosas. Sin embargo, incluso el gobierno canadiense ha empezado a cuestionar la inversión a largo plazo en combustibles fósiles.

Antes de su extinción, nadie predijo que la Unión Soviética colapsaría. Ahora la industria de los combustibles fósiles parece ser demasiado grande y fuerte como para desaparecer. Pero gran parte de su poder es ilusorio. La industria valdría mucho menos si tuviera que respetar los objetivos de reducción de emisiones fijados. Mientras tanto, el *Big Oil* está derivando hacia el planeta los costes de su propia muerte. Para postergar lo inevitable, están financiando una internacional iliberal. Uno de los denominadores comunes de este proyecto es su negacionismo. Por lo tanto, para que prospere la democracia, *Big Oil* tendrá que caer.

Luchar contra el cambio climático y oponer resistencia a la derecha radical van de la mano. El uso masivo de combustibles fósiles juega en beneficio de los reaccionarios en el presente y los fortalecerá en el futuro. Provoca las migraciones y luego una reacción contra los migrantes. Exacerba los problemas existentes y prepara el camino para soluciones autoritarias. Nos acerca a un mundo de muros. El nombre de este régimen naciente de separación y exclusión es el ecoapartheid.

156. N. H. Stern (2015): *Why Are We Waiting?: The Logic, Urgency, and Promise of Tackling Climate Change*, The Lionel Robbins Lectures, Cambridge, Massachusetts, MIT Press.

Los muros están proliferando alrededor del Primer Mundo. Ya existe un enorme sistema de controles a lo largo de la frontera entre Estados Unidos y México; Trump solo está proponiendo su expansión. Los enclaves de España en Marruecos —Ceuta y Melilla— son otras manifestaciones del mismo proyecto. Constituyen una pequeña parte del sistema de prohibiciones y de coerción establecido alrededor del Mediterráneo. Sus campos de detención están presentes desde Lampedusa hasta Lesbos. A los africanos no se les incluye en el nosotros de Mare Nostrum.

En la otra punta del mundo, los centros de asilo australianos son tan opresivos que han provocado que varias personas se prendan fuego como acto de protesta. La separación entre israelíes y palestinos es la expresión más pura de cómo será este mundo. Tienen nombres diferentes —America First, Fortaleza Europa—, pero el concepto es el mismo: militarizar las fronteras para mantener fuera a los que no son blancos.

No hay límite a la lógica de la exclusión. La construcción del otro y la construcción de muros no se detendrán con la creación de barreras entre el Primer Mundo y los demás. El intento de impedir que los pobres se trasladen a zonas ricas también se desarrolla dentro de los países. De ahí el aumento de la vigilancia y la privatización de espacios anteriormente compartidos. El Primer Mundo se está convirtiendo en un hogar de ancianos y en una urbanización cerrada. Sus muros sirven como recordatorios visibles de una falta de cooperación.

Cuando se levanta un muro, no suele pasa mucho tiempo hasta que se levanta otro siguiendo su ejemplo. La respuesta colectiva de Europa a la afluencia de refugiados nos muestra cómo funciona la represión. En julio de 2015, Hungría erigió (con mano de obra penitenciaria) una valla de alambre de púas en la frontera con Serbia para impedir que llegaran los refugiados. Reino Unido enseguida reforzó la seguridad en el Eurotúnel, el paso subterráneo que cruza el canal de la Mancha y les une con Francia. Para cuando llegó septiembre, Alemania había ya establecido controles fronterizos de emergencia con Austria. Después, la propia Austria, Eslovaquia y los Países Bajos siguieron el ejemplo e impusieron controles aún más estrictos. En octubre, Hungría cerró la frontera con Croacia. En noviembre, Austria anunció la construcción de una valla en la frontera con Eslovenia. Macedonia, Serbia y Croacia anunciaron nuevos cierres en las fronteras. Ya en enero, Alemania y Austria comenzaron a deportar refugiados. Posteriormente, se planteó un acuerdo con Turquía —que violaba el derecho internacional— para enviar de vuelta a los refugiados por donde habían venido.

LA FALTA DE COOPERACIÓN

Grecia fue el principal punto de entrada para los refugiados en busca de asilo. También fue el país más afectado por la crisis del euro y fue intervenido por la Troika. A pesar de que Grecia ha sido tratada como si fuera incapaz de gestionar sus propios asuntos, se le pidió que soportara la carga de una inmensa crisis humanitaria. Además, se les solicitó que invirtieran una gran cantidad de dinero en el establecimiento de controles externos al mismo tiempo que recortaban las prestaciones para sus propios ciudadanos. No era una fórmula ni justa ni viable. La falta de coordinación transnacional condujo a una pérdida de control por parte de los estados alrededor del continente.

Una zona de libre circulación exige una responsabilidad compartida respecto a la frontera exterior. Los líderes europeos gestionaron muy mal la afluencia de refugiados. Los países se replegaron. Trataron un reto colectivo como una serie de problemas nacionales de importancia menor. El chauvinismo desplazó la solidaridad, y los líderes no pudieron encontrar una solución compartida para proporcionar un refugio a los centenares de miles de solicitantes de asilo que provenían de Siria y de otros países. El sistema de cuotas propuesto no tenía en cuenta que iban a llegar más migrantes de los que se hubieran contemplado en cualquier acuerdo. Tampoco tuvieron en cuenta que si no se integraba debidamente a los recién llegados, la respuesta de estos iba a ser seguir migrando. Los refugiados se trasladarían a donde fuera más conveniente dentro de Europa.

La divergencia económica entre el centro y la periferia implica que el centro va a ser aún más un imán para los migrantes de todo tipo. En 2004, España fue el principal destino de los inmigrantes en Europa. Con la crisis, la gente empezó a salir de España. Tenía todo el sentido del mundo que los refugiados prefirieran continuar hacia Alemania o Suecia. ¿Por qué iban a quedarse en un lugar como Grecia, atrapados en una depresión económica permanente? ¿Por qué gente proveniente de estados fallidos iba a querer quedarse en un país que es tratado por sus socios como si fuera un Estado fallido? El precio que los europeos pagaron por no decidir juntos fue el caos.

La imagen de un niño ahogado, Alan Kurdi, sirvió como un recordatorio impactante del coste humano de la mala política. Generó una ola de simpatía bajo el eslogan "*Refugees welcome*". Sin embargo, al tiempo que Angela Merkel proclamaba una política de puertas abiertas, se disparó la hostilidad hacia los migrantes. El apoyo al partido antiinmigración, Alternativa para Alemania, aumentó rápidamente. Un pequeño flujo de migrantes desencadenó una gran reacción. Esto llevó a un incremento de las voces que demandaban la construcción de muros para mantenerlos fuera. En 1938, tras la Noche de los Cristales Rotos, una encuesta reveló que dos tercios de los estadounidenses estaban en contra de acoger a 20.000 niños judíos[157]. En la actualidad, nuestras sociedades no son tan diferentes.

La amenaza para el Primer Mundo no son los migrantes. La amenaza es la instalación de un orden político reaccionario en respuesta. La reciente afluencia de refugiados ya hizo sobrevolar al fantasma del fin del espacio Schengen de libre circulación. Y con ello puso en riesgo la viabilidad de una moneda común que ya tiene de por sí graves problemas. Si queremos seguir disfrutando de los beneficios que tiene vivir en sociedades abiertas, vamos a necesitar más solidaridad. Lo mismo da que nos refiramos a la situación interna de un país que a las relaciones entre países; la excesiva desigualdad entre países amenaza con desestabilizar todo el territorio.

LO QUE OCURRE CUANDO FALTA SOLIDARIDAD

La crisis en Europa ha provocado la erosión de la confianza en las instituciones europeas. Se ha abierto una brecha de confianza entre los países del Norte y los del Sur, que se han visto mucho más afectados por la crisis económica. La Unión Europea está más presente en el discurso público y es menos simpática. En Europa, los que menos confían en los extranjeros son también los que menos confían en la Unión y en sus propios gobiernos. No podemos esperar que una solidaridad que brilla por su ausencia dentro de una comunidad autóctona dada vaya a extenderse más allá de las fronteras de la misma. Aquellos que no tienen fe en sus propios países son menos propensos a apoyar los procesos de construcción europea.

El resultado neto es que la falta de confianza puede generar una falta de bienestar y viceversa. La descomposición

157. Benjamin M. Friedman (2005): *The Moral Consequences of Economic Growth*, 1ª ed., Nueva York, Knopf.

de la confianza opera paralelamente a un aumento de la desigualdad. Los altos grados de confianza están vinculados a una baja desigualdad y a mayores niveles de redistribución. Y aunque una mayor redistribución podría aumentar de forma generalizada la confianza social, la falta de confianza dificulta esa redistribución. Esto plantea un dilema. En lugar de ser capaces de lidiar con un mayor sentimiento de vulnerabilidad a través de más solidaridad y más redistribución, lo que gana adeptos son las fórmulas que prometen más protección a través de la exclusión.

El principal obstáculo de cara a encontrar soluciones compartidas es que, de manera recurrente, se niega que la responsabilidad respecto a muchos de nuestros problemas deba ser compartida. En lugar de ello, los problemas se desvían hacía los que ya sufren las consecuencias. Se echa la culpa de la falta de respuestas a aquellos que ya están soportando las mayores cargas: por ejemplo, los ciudadanos de Grecia, los refugiados, los pobres del mundo. Esto no es sino la máscara tras la que se esconde el resurgir de las posturas chovinistas. Lo que en realidad se está insinuando es que las víctimas son inferiores y se lo tienen ganado. Desde su punto de vista, se merecen todo lo que les pase. No les importa, por ejemplo, que los griegos y los españoles trabajen muchas más horas que los alemanes y los holandeses; dan por hecho que son perezosos y corruptos.

La lógica de culpar a las víctimas opera a todos los niveles, desde lo global hasta lo local. Sucede constantemente con los pobres, con los desempleados y con los sin techo (o cuando a los desahuciados se les echa la culpa por unas burbujas inmobiliarias que ellos no causaron). Los más privilegiados siempre tendrán algún tipo de excusa que les permita librarse de toda responsabilidad. Ellos controlan un sofisticado aparato de medios de comunicación dispuesto a proclamar a los cuatro vientos que ellos no tienen nada que ver. Pero la negación de los deberes hacia los demás no tiene límites. Las relaciones internas de solidaridad dentro del Primer Mundo están vinculadas a las relaciones de solidaridad de dicho Primer Mundo con el resto del planeta. Los europeos han comenzado negando sus obligaciones para con sus países vecinos. Sin embargo, bajo la misma lógica, terminarán negando sus obligaciones con sus conciudadanos europeos. Y el proyecto compartido se derrumbará.

LA CRISIS DEL EURO

La película francesa *L'auberge Espagnole* (*Una casa de locos*) nos muestra una versión nostálgica del ideal europeo. Su protagonista, Xavier, es un economista que llega a Barcelona de intercambio, y que termina compartiendo un piso con atractivos estudiantes de todo el continente. A partir de esta premisa, se desarrollan una serie de divertidas aventuras sexuales con la versión más soleada y próspera de la ciudad como telón de fondo —se estima que a día de hoy hay más de un millón de "bebés Erasmus", lo cual hace de este programa de intercambio el servicio de búsqueda de pareja más innovador del mundo—. Al final de la película, Xavier, de vuelta a París, abandona su puesto en el ministerio y opta por dedicarse a la escritura. Crónica de un tiempo muy diferente: hoy en día el sueño europeo cosmopolita ha dado paso a las duras realidades de la economía. Con la crisis, la situación se ha vuelto más amarga; en España, sin ir más lejos, llegó a destruir uno de cada cinco trabajos en su peor momento.

Resultaría plácido y sencillo tratar la crisis del euro como si fuera una crisis que solo afecta a España; o como si fuera una crisis de Grecia, Irlanda, Portugal, Italia o Francia —la lista continúa—. Pero las cosas no son así. El continente está sumido en una crisis del conjunto, una crisis europea que es el producto de una serie de estructuras mal diseñadas y unas políticas equivocadas. Los malos resultados económicos son autoinfligidos: incluso Finlandia, un país modelo en el otro extremo del continente, ha experimentado una recesión. Siendo una crisis europea, requiere solucionas europeas. Y lo que el funcionamiento de la eurozona nos demuestra es que, para que la apertura funcione, hacen falta mecanismos de solidaridad.

Las cuatro libertades de circulación fundamentales del mercado interior de la Unión Europea (de capitales, de bienes, de servicios y de personas) representan una forma de globalización a toda máquina. Desde que los gobiernos carecen de las herramientas tradicionales que eran necesarias para garantizar la prosperidad, la competencia económica se mide ahora en términos de voluntad de administrar la miseria. La disciplina fiscal y las restricciones salariales están a la orden del día. Las consecuencias de esta política son un mayor estancamiento, un deterioro en los niveles de vida y una erosión continua de la confianza de los ciudadanos.

Normalmente, para evitar las recesiones, los países despliegan un conjunto estándar de instrumentos políticos. Pueden endeudarse para tratar de impulsar un estímulo fiscal, o pueden bajar los tipos de interés para favorecer el crédito, o pueden devaluar su moneda para recuperar la competitividad de sus exportaciones. Dentro del euro, estas opciones han sido deliberadamente restringidas. Los países endeudados carecen de todos los instrumentos básicos de gestión de la demanda macroeconómica. Cuanto mayor sea la carga de la deuda de un determinado país, más control sobre él tendrán sus acreedores. La periferia está atrapada. Es difícil subir los salarios sin sacrificar la competitividad. Sus electorados, comprensiblemente, están muy frustrados. Son condiciones muy favorables para el resurgimiento del nacionalismo y del euroescepticismo.

La situación actual favorece a los nuevos actores políticos. Acusan a los partidos tradicionales de haber fracasado colectivamente. Su aparición, paradójicamente, sirve para reforzar la crítica de que los partidos del *establishment* son todos iguales. Ante las fuerzas emergentes, la vieja guardia tiene que colaborar para sobrevivir. Esto hace que las grandes coaliciones sean aún más probables. Y los argumentos de los partidos anti-*establishment*, que afirman que el sistema está podrido, cobran fuerza. El funcionamiento actual de la Unión Europea complica que las voces que demandan una reforma de sus instituciones puedan lograr un apoyo masivo.

INSTITUCIONALIZANDO LA SOLIDARIDAD

Una manera segura de conseguir que alguien deje de prestarte atención al hacer campaña puerta por puerta es hablar de la reforma de la eurozona. "Señora —podrías comenzar—, la razón por la que su hijo está en el paro tiene que ver con el hecho de que pertenecemos a una unión monetaria sin estabilizadores automáticos para corregir los desequilibrios o responder a los choques inesperados". Posiblemente, continuarías hablándole del BCE o del disparate de la austeridad coordinada, pero para entonces habrías perdido ya el interés del público. Es mucho más fácil decir que los políticos son unos ladrones y que los burócratas de Bruselas están conspirando contra tu país. Desafortunadamente, algunas de las cuestiones más importantes son a menudo también las más aburridas. Y en medio de una mala situación económica, la paciencia de la mayoría de los públicos se desgasta rápidamente.

Grecia sufrió la crisis más que nadie, siendo de facto expulsada del Primer Mundo, y por lo tanto presenció la mayor revuelta contra las políticas de la eurozona. Su primer ministro, Alexis Tsipras, rechazó un acuerdo sobre un tercer rescate. Algo impetuosamente, decidió celebrar un referéndum sobre si el país aceptaría o no más austeridad. Los ciudadanos griegos votaron en contra de un nuevo rescate, pero no sirvió para nada. Al gobierno griego le llevó poco tiempo descubrir cuán limitadas eran sus opciones. Dejar el euro significaba asumir unos costes gigantescos (más recesión, la autarquía, un impago de la deuda, la distribución militar de los alimentos, etc.), de modo que Tsipras claudicó y aceptó un rescate aún peor. Era un signo claro de los límites de la democracia nacional.

La coordinación es necesaria para afrontar la realidad de unos mercados que se extienden más allá de las fronteras de los estados. El problema de la eurozona es que se coordina mal. Donde la política ideal sería permitir la diversidad nacional, exige la homogeneidad. Cuando haría falta la uniformidad, permite la flexibilidad. En este momento, ha adoptado un enfoque único para la política fiscal. Se espera que todos los países logren equilibrar sus cuentas al mismo tiempo. Esta es una receta que nos lleva a la austeridad permanente. En cambio, si una parte del continente se está apretando el cinturón, la otra parte debería estar gastando. Otra medida podría ser el establecimiento de instituciones comunes para actuar como estabilizadores automáticos de la economía, como un fondo común europeo para los parados. La solidaridad necesita una expresión institucional para funcionar.

LA NECESIDAD DE LA COOPERACIÓN TRANSNACIONAL

La necesaria reforma de la eurozona anticipa una reforma de la globalización igualmente necesaria. El actual régimen de globalización está muy desequilibrado. La democracia opera en gran medida dentro de las fronteras nacionales y, sin embargo, el dinero no requiere de un visado para viajar. La globalización financiera ha liberado el dinero para que pueda atravesar las fronteras en cantidades masivas. Las personas, por su parte, no tienen tanta libertad de movimiento. Mientras que los ciudadanos del Primer Mundo pueden ir prácticamente a donde les plazca, existen controles muy estrictos para restringir los flujos de personas en la dirección contraria. Es mucho más fácil ir de España a Marruecos que de Marruecos a España.

Enfrentarse con el funcionamiento del capitalismo desenfrenado y restaurar la fe en la democracia irán de la mano. El instrumento más importante que tienen los estados para restaurar el control democrático sobre los mercados es el uso de controles de capital. Estos controles restringirían los flujos dentro y fuera de un país (o de un bloque como la Unión Europea). Mientras que los controles de capital eran considerados heréticos durante los años de la globalización triunfante, ya no son tabú. Incluso el FMI ha reconocido que podrían ser apropiados en algunos casos. Si su uso no está aún generalizado es debido a decisiones políticas, no a que sean imposibles de implementar. Los controles de capital, o un menos ambicioso impuesto sobre las transacciones financieras, pueden ayudar a impedir que los mercados desestabilicen las economías y ser útiles en la lucha contra los paraísos fiscales. La ofensiva para recuperar el control debería comenzar con la batalla por el control de las operaciones del capital transnacional.

La necesidad de la coordinación transnacional en un mundo globalizado es ineludible. A raíz de la votación sobre el Brexit, el excanciller de Hacienda de Reino Unido, George Osborne, prometió reducir el impuesto de sociedades al 15%. En efecto, estaba amenazando con convertir Reino Unido en un paraíso fiscal gigante y flotante, lo cual representaría una amenaza competitiva para el resto de Europa. Casos como este ayudan a señalar cómo la alternativa a la cooperación transnacional es la competencia desleal. El Brexit no ha cambiado sustancialmente la ecuación. Si todos los países tratan de recuperar el control por sí mismos, ningún gobierno acabará mandando. Las empresas se irán hacia donde los impuestos sean más bajos o inexistentes. La misma lección se aplica a los intentos de establecer una tasa Tobin sobre las transacciones financieras. Restablecer el control sobre el funcionamiento de las finanzas transnacionales también requiere de una mayor coordinación entre países.

Ni el pueblo contra las elites ni las sociedades abiertas contra las cerradas expresa la división política más relevante en la actualidad. La batalla está entre los que buscan más soberanía y los que buscan más democracia. En el contexto de la globalización, la soberanía y la democracia están en permanente tensión. Democratizar la política consistirá en alinear la escala de la democracia con el alcance de los mercados; para lograrlo, hace falta hacer política a nivel transnacional. El reto político en un mundo integrado consiste en construir las coaliciones que lo hagan posible. Los mensajes populistas y simplistas —todo está corrompido, las reformas no son viables, la gente necesita más mesías y menos políticos— obstaculizan la dura labor de crear las alianzas necesarias. Es esencial superar la lógica actual de conflictos de soberanía en un contexto de interdependencia.

La crisis del euro, la respuesta a los flujos de los refugiados y la crisis del cambio climático están unidas por un hilo conductor. Los grandes problemas transnacionales requieren inevitablemente soluciones transnacionales. La necesidad de hacer frente al cambio climático ofrece a la Unión Europea una oportunidad histórica para reinventarse. Nació como una comunidad de carbón y acero; no en vano, la gestión colectiva de la energía fósil fue una de sus tareas fundacionales. Ahora, su desafío definitorio es la descarbonización. El ecoapartheid y el fin del sueño europeo irán juntos. La alternativa es cooperar más allá de las fronteras para recuperar el control del sistema.

DESCARBONIZACIÓN O DESASTRE

Hay que transformar la base material de nuestra prosperidad compartida para evitar el desastre planetario. El crecimiento que sea sinónimo del carbono es tóxico. Que se afronte el cambio climático o no es lo que determinará si el Primer Mundo va a terminar convirtiéndose en un problema para el planeta en su conjunto. Aquellos que son responsables del cambio climático y de la devastación ecológica del planeta —los países ricos del Primer Mundo— son también quienes tienen la mayor responsabilidad a la hora de resolver el problema y de adoptar un modelo sostenible. La principal prioridad económica debe ser la descarbonización.

La inacción nos llevará a la perdición. En *Climate Wars*, Harald Walzer relata el destino de Felipe III de España, un eslabón más dentro de una larga cadena de monarcas ibéricos inútiles. Felipe murió después de contraer una fiebre como resultado de sentarse demasiado tiempo cerca de un brasero caliente. El lacayo encargado de mover el brasero no pudo ser localizado y el rey optó por no moverse, quedando así en manos de su desgraciado sino. De forma análoga, y teniendo en cuenta lo que está en juego, las sociedades contemporáneas no pueden permitirse el lujo de la complacencia.

No debemos esperar que la cuestión del cambio climático se resuelva por "generosidad espontánea". Aquellos que dominan la política y la economía mundiales no van a decidir por iniciativa propia recortar sus niveles de vida. Aún menos probable será que acepten recortes más grandes que los demás. Pedir un sacrificio generalizado no supone de ningún modo una estrategia ganadora. El decrecimiento solo serviría para intensificar los conflictos distributivos existentes. Sabemos que la gente luchará duramente para preservar lo que ya tiene. Los consumidores más ricos serán los que más se resistirán a combatir el problema del cambio climático. En otras palabras, dicho problema no se solucionará gracias a la benevolencia de los comedores de carne, de los bebedores de cerveza y de los cabeza de familia. La mano invisible no saldrá al rescate del planeta.

Más probable a que la descarbonización se produzca a través de la austeridad voluntaria es que el egoísmo condene al planeta al desastre ecológico. Lo que se necesita es un marco completamente nuevo —un cambio estructural— que ayude a interiorizar los costes derivados de la emisión de carbono. Los individuos tienen solo una capacidad limitada para influir mediante las decisiones cotidianas que hacen respecto a sus formas de consumo. No importa cuántas veces evites tirar de la cadena o que apagues siempre la luz al salir de la habitación; no bastará con este tipo de medidas. Cuanto más barato y más fácil sea desplegar fuentes de energía renovable, más factible será alcanzar un mundo que esté totalmente electrificado, pero radicalmente descarbonizado.

Nadie está siendo explícitamente obligado a asumir el coste de la contaminación del medioambiente derivada de las emisiones de carbono. Si esto no fuera así, los niveles de emisión de CO_2 serían mucho menores a como son actualmente. El precio que pagamos por el carbono no tienen en cuenta los costes externos asociados con la destrucción del planeta. Solamente una cantidad finita de carbono puede ser emitida a la atmósfera antes de que se produzcan unos resultados terribles. Así que los que emiten más que la parte que en justicia les corresponde deberían estar pagando mucho más. La lucha contra las desigualdades extremas en el consumo será decisiva para el futuro del planeta. Fijar unos precios apropiados —y, por lo tanto, unos impuestos contundentes sobre el carbono— estimularía una reducción en su consumo. También ayudaría a desarrollar alternativas más baratas en mayores cantidades.

ACELERANDO LA TRANSICIÓN ENERGÉTICA

Combinar la descarbonización con la abundancia energética no es ciencia ficción. La fotosíntesis captura solo entre el 0,1% y el 0,5% de toda la energía que llega a la superficie de la Tierra desde el sol. Si se desarrollaran tecnologías que permitieran aprovechar aproximadamente un 10% de esta energía, sería suficiente para satisfacer las necesidades humanas previsibles[158]. Al menos en lo que respecta al desafío técnico, parece que llevar a cabo la transición no va a ser tan complicado como se pensaba. Greenpeace ha trazado un escenario de revolución energética para alcanzar el 85% de energía renovable en 2050[159]. Según un equipo liderado por Mark Jacobson, para ese año Estados Unidos podría estar operando con un 100% de energía limpia (y con un 80-85% en 2030[160]; este estudio ha servido para enfocar el debate sobre lo que es necesario y lo que es factible). Del mismo modo, y también para 2050, se prevé que Canadá, sede de las arenas bituminosas, pueda haber reducido[161] sus emisiones en un 80%. La transición es posible y ya se está produciendo.

---

158. Correspondencia con Tony Wrigley.
159. "The Energy [R]evolution 2015", *Greenpeace International*, en http://www.greenpeace.org/international/en/campaigns/climate-change/energyrevolution/ (consultado el 8 de julio de 2016).
160. Mark Z. Jacobson, Mark A. Delucchi, Guillaume Bazouin, Zack A. F. Bauer, Christa C. Heavey, Emma Fisher, Sean B. Morris, Diniana J. Y. Piekutowski, Taylor A. Vencill y Tim W. Yeskoo (2015): "100% Clean and Renewable Wind, Water, and Sunlight (WWS) All-Sector Energy Roadmaps for the 50 United States", *Energy & Environmental Science*, 8, nº 7, 3 de julio, pp. 2093-2117, doi: 10.1039/C5EE01283J.
161. "Acting on Climate Change: Solutions from Canadian Scholars", CRC Research, en https://crcresearch.org/solutions-agenda/acting-climate-change-solutions-canadian-scholars (consultado el 8 de julio de 2016).

Todas las señales apuntan hacia un futuro basado en las energías renovables. En Europa, los precios de las renovables están cayendo. En 2014, en un día de julio especialmente ventoso, Dinamarca fue capaz de satisfacer más del 140% de sus necesidades de electricidad gracias a la energía eólica. Portugal funcionó durante cuatro días consecutivos exclusivamente con energía renovable en mayo de 2016. La planta de carbón de Nanticoke (Ontario), que en su día fue la más grande de América del Norte, se está convirtiendo ahora en una instalación de energía solar. Japón está construyendo la mayor planta solar flotante del mundo y a día de hoy tiene ya menos gasolineras que puntos de recarga para coches eléctricos. En Estados Unidos hay el doble de puestos de trabajo en el sector de la energía solar que en el del carbón. Y en 2015 se invirtió por primera vez más dinero en energías renovables que en combustibles fósiles[162]. La lista continúa.

A pesar de todas estas buenas noticias, las transiciones energéticas suelen llevar décadas, y la transición actual no se está llevando a cabo con la urgencia suficiente. Las emisiones no están disminuyendo al ritmo necesario para cumplir con los objetivos acordados. El cambio climático representa el mayor fracaso del mercado en la historia de la humanidad, y el sector privado no lo resolverá por sí solo[163]. La financiación estatal ha sido el motor de una gran cantidad de tecnologías modernas. Provisionalmente, está jugando el mismo papel en el sector de las renovables. Pero una inversión pública masiva en la I+D necesaria para la producción, distribución y almacenamiento de las energías alternativas

---

162. Anna Hirtenstein: "Why Power Markets Tilt Toward Renewables Even With Cheap Oil", *Bloomberg.com*, en http://www.bloomberg.com/news/articles/2016-03-24/why-power-markets-tilt-toward-renewables-even-with-cheap-oil (consultado el 8 de julio de 2016).
163. Tratará de conseguir los máximos beneficios posibles derivados de la propiedad intelectual relacionado con las energías renovables.

es el complemento necesario a la correcta fijación del precio del carbono.

El cambio climático necesita de una acción pública a gran escala. La historia proporciona varios casos análogos al respecto. Muchas veces se ha propuesto un Green New Deal (un nuevo Pacto Verde), orientado a combinar la creación de empleo con la transición energética. Del mismo modo, otros solicitan un nuevo Programa Apolo para aprovechar la potencia energética del sol. Una tercera analogía sería el Proyecto Manhattan, que en su apogeo empleó a más de 130.000 personas[164]. Esta vez, eso sí, en vez de dedicar la investigación a la destrucción a gran escala, se dirigiría a evitarla. El gran reto del cambio climático requiere un gran compromiso de gasto público. La mayoría de las estimaciones sugieren que se necesitaría entre un 1% y un 3% del PIB mundial para financiar la transición. Esta cantidad es todavía menor de la que actualmente se emplea en subvencionar a los combustibles fósiles.

Lo lógico sería dejar de subvencionar la degradación del planeta y dedicar la misma cantidad de dinero a salvarlo. Las economías del mundo rico están funcionando por debajo de su capacidad. En un momento de tipos de interés históricamente bajos, los países ricos están sacrificando miles de millones al negarse a llevar a cabo políticas que podrían restaurar el pleno potencial de sus economías. Cada vez más voces claman por un gran estímulo y un programa de creación de empleo verde. Este es el momento propicio para realizar una inversión coordinada en favor de una transición energética.

La acción colectiva —ya sea a nivel local, nacional o transnacional— debe jugar un papel importante en hacer que esto suceda. Una ola de movilización desde abajo y de

164. "Manhattan Project: CTBTO Preparatory Commission", en https://www.ctbto.org/nuclear-testing/history-of-nuclear-testing/manhattan-project/ (consultado el 8 de julio de 2016).

participación local debe anticiparse al mundo que está por venir. El reto sin precedentes consiste en movilizarse por la paz, no por la guerra. En lugar de jardines de la victoria y bonos patrióticos, necesitamos la rehabilitación ecológica de las viviendas y bonos verdes. Es la única manera de evitar el mundo de los muros. La lucha por el clima no es solo una necesidad; también será la oportunidad para construir una coalición nueva, masiva, democrática y transnacional.

¿QUIÉN TENDRÁ EL CONTROL?

Recuperar el control significa lidiar con el dinero que no respeta las fronteras y con la gente que las quiere cruzar. Son tareas separadas, pero relacionadas, y requieren confrontar dos fuerzas políticas diferentes, si bien a menudo vinculadas. Para que pueda respetar la democracia, el capital debe ser obligado a respetar las fronteras. Esto significa enfrentarse a un *establishment* que es responsable de habernos metido en este lío. Son ellos quienes, en su arrogancia, desencadenaron la descomposición de las viejas certezas del Primer Mundo. La armonización de los impuestos de sociedades, la lucha contra la evasión fiscal, el control de los paraísos fiscales y el replanteamiento de los controles de capital forman parte de esta lucha. Retomar el control de la globalización y limitar el poder de las finanzas es la condición previa de un mundo más igualitario.

El segundo grupo al que hay que combatir es el actor más peligroso de cuantos están asociados a la reacción de un sistema roto: la derecha radical. Quieren endurecer las restricciones a la migración y prometen llevarnos a un mundo de muros sin límites. La discriminación es la base de su proyecto. Sus prejuicios deben ser confrontados directamente: si ellos logran imponer sus valores, estará todo perdido. Más migración provocará más ansiedad, y proporcionará a la derecha radical una oportunidad para promulgar sus ideas. Abordar la desigualdad en su origen es una condición previa para encarar bien la contienda. Rápidamente, y a menos que se haga verdaderamente frente al cambio climático, la derecha radical tratará de imponer un mundo de ecoapartheid. La victoria de estas fuerzas sería la tumba de la democracia tal y como la conocemos.

Los mayores problemas de nuestro tiempo tienen causas transnacionales y requieren soluciones transnacionales. Que no haya acción colectiva implica que aquellos que no causaron los problemas tengan que soportar el peso de sus consecuencias. Los que causaron los problemas son capaces de desplazar los costes hacia los demás. Esto persistirá mientras se ofrezcan soluciones puramente nacionales. No seremos capaces de restablecer el control sobre nuestros asuntos replegándonos dentro de nuestras fronteras y echando el cerrojo. Lo que a un lado es un muro se convierte en una jaula en el otro.

Decidir juntos por encima de las fronteras es un requisito indispensable para poder gobernar nuestra compleja realidad. Alcanzar una solidaridad más profunda con el resto del mundo está en consonancia con el interés propio ilustrado del Primer Mundo. Es la condición previa para seguir disfrutando de un mundo abierto y la alternativa a una militarización de las fronteras. Al igual que en el contexto doméstico, la alternativa al proteccionismo es una mayor redistribución. Se necesitan mecanismos de compensación para hacer frente a las sacudidas de la economía. A escala internacional, el sustituto de un régimen que refuerce la seguridad es un sistema de mayor solidaridad.

Antes de ser importado a Europa, el campo de concentración fue previamente ideado en un contexto colonial. Ahora, la línea que separa las intervenciones militares de las acciones policiales en el extranjero se ha hecho cada vez más borrosa. Las ocupaciones prolongadas de territorio ajeno han conducido a la militarización de la policía en los países ricos. La forma abusiva en que el Primer Mundo trata al resto del mundo tendrá finalmente su reflejo en cómo se trata a los propios ciudadanos del Primer Mundo. La falta de solidaridad externa provoca una falta de solidaridad interna. Una mayor solidaridad externa es, entonces, la condición previa para una mayor solidaridad interna. En este sentido, la lucha contra el cambio climático representa la mayor expresión posible de solidaridad con el resto del mundo. Por lo tanto, el internacionalismo centrado en la lucha que definirá nuestra era —evitar el cambio climático— debe estar en el centro de cualquier proyecto progresista.

CONCLUSIONES

"¿Qué hacías tú durante la Gran Guerra, papi?", decía un cartel de reclutamiento británico de 1915, diseñado para avergonzar a los jóvenes y conseguir que se alistaran. Recordaba a todo aquel que lo veía que sus acciones del presente iban a ser juzgadas desde el punto de vista del futuro. ¿Qué pensarían los niños? El cartel insinuaba que aquellos que no hicieran su deber serían para siempre despreciados. Dejando la empalagosa propaganda aparte, la Primera Guerra Mundial fue un baño de sangre sin sentido. Millones de hombres jóvenes y de clase trabajadora fueron enviados a ser sacrificados para satisfacer los delirios de unos aristócratas ancianos. Se pide que nos acordemos de los soldados, pero que olvidemos las lecciones de la historia.

El estallido de la Primera Guerra Mundial puso fin a la existencia de la Internacional Socialista de la época. Su partido principal, los socialdemócratas alemanes, apoyó el conflicto votando a favor de que se autorizaran los créditos de guerra. Otros partidos, incapaces de resistir la corriente del chovinismo, siguieron su ejemplo. El nacionalismo triunfó por encima de la solidaridad internacional. Con la guerra vino la desintegración de los imperios, la revolución y el nacimiento del poder soviético.

El auge del fascismo se desarrolló en medio de una división ideológica. Los socialistas y los comunistas se habían dividido de manera muy brusca. "El rojo es igual que el marrón", les decían los primeros a los segundos, que replicaban llamándoles "socialfascistas". Los nazis tomaron el poder mientras que la iglesia marxista se desquebrajaba por su gran cisma. Sus desacuerdos internos solo se resolverían en la unidad que finalmente encontrarían en el campo de concentración. Las divisiones ayudaron a los nazis hasta tal punto que se necesitaría a la ONU para provocar su derrota.

¿Qué clase de mundo heredarán nuestros futuros jueces? El horizonte nos revela un mareante abanico de posibles futuros. Si el crecimiento continúa a escala mundial, en las próximas décadas el mundo en su conjunto estará "desarrollado" por primera vez en su historia, pues el PIB mundial per cápita superará el umbral que el Banco Mundial utiliza para determinar si un país lo está o no.

Pero si las emisiones de carbono no se reducen drásticamente, nos hallaremos ante un mundo en una crisis ecológica sin precedentes. Actualmente ya se conocen las pautas que podría seguir esta distopía. Las monarquías del Golfo cuentan con una petroélite que vive aislada en sus burbujas futuristas y tiene a su disposición una vasta legión de trabajadores inmigrantes, desposeídos e inmersos en la miseria. Una oligarquía autoritaria del carbono preside la desigualdad extrema.

Sigue siendo difícil superar mentalmente la brecha que hay entre una era rutinaria y mundana y una que es alarmante y excepcional. *La conjura contra América* de Philip Roth representa el mejor intento de reimaginar ese paso de la seguridad al pánico. Su narración se centra en un niño judío ordinario que no puede ser ordinario porque es judío.

Más recientemente, la estrella del pop canadiense Justin Bieber se metió en un lío al visitar la casa de Ana

Frank en Ámsterdam. Bieber expresó su deseo de que Ana Frank hubiera sido una *believer* (nombre con el que se conoce a sus fans). Si los perpetradores tienen la banalidad del mal, las víctimas pueden tener la banalidad del gusto. Si Hanna Arendt estuviera todavía entre nosotros, sus escritos sobre el lenguaje totalitario podrían considerarse hoy como artículos de opinión sobre noticias falsas.

El mundo ya no es lo que era. El marco de referencia con el que se explicaba la trayectoria de los países más ricos —la existencia de un Primer Mundo— está obsoleto. Al no disponer de unas coordinadas aproximadas, todo se vuelve más desorientador e impredecible. La realidad es difícil de descifrar, pero la historia nos advierte de que este es el momento político más alarmante desde los años treinta. Si bien las cosas son diferentes esta vez —lo que se está desarrollando es una secuela, no un *remake*—, la prudencia nos insta a responder en consecuencia.

CONTRA EL NARCISISMO DE LAS PEQUEÑAS DIFERENCIAS

Había una vez un movimiento obrero fuerte, creciente y seguro de sí mismo, poseído por la creencia milenaria de su eventual triunfo. Existía realmente un sistema económico alternativo que tenía el respaldo del poder estatal. Las disputas ideológicas de estas fuerzas socavaron la lucha contra el fascismo en los años treinta, y lo hicieron precisamente porque todavía tenían una verdadera base social y material. Hoy de aquello solo queda un grupo de tribus débiles, dispersas y confusas, cuya mediocridad actual no puede ser enmascarada por las apelaciones a un pasado glorioso. Las viejas disputas no tienen ya sentido ahora que el Segundo Mundo ha desaparecido y que el Primero está en descomposición.

Las pretensiones de originalidad infundadas nos dan una gran muestra de la vanidad imperante. Las actitudes sectarias impiden que las personas y las fuerzas políticas reconozcan sus similitudes programáticas. El debate político propio del *establishment* está limitado a un espectro estrecho. Abarca desde la versión idealizada de unos Estados Unidos liberales hasta la versión idealizada de una Suecia socialdemócrata pero en fase de liberalización. Más allá de estos márgenes está el reino de la pantomima. Tenemos, por un lado, a los aspirantes a Lenin, atrapados en su propia retórica, que se pierden al tratar de encontrar su Palacio de Invierno. Y, por otro, a los aspirantes a Roosevelt, que, por más que lo intentan una y otra vez, nunca logran nada en sus cien primeros días.

Se está dando una guerra civil dentro del denominado espacio político progresista, que tiene tanto un componente generacional como un componente ideológico. Se hace eco de la división entre la vieja y la nueva izquierda que se produjo cuando la generación del *baby boom* entró en escena. Ahora los *boomers* son vistos como parte del *establishment* conservador y atrincherado. En Estados Unidos, mientras que los jóvenes se decantaban por Bernie Sanders en las primarias demócratas, los votantes mayores preferían votar por Hillary Clinton. En Reino Unido, los jóvenes propulsaron a Jeremy Corbyn a la victoria contra la vieja guardia de la Tercera Vía. En España, el apoyo a Podemos se concentra en los jóvenes, mientras que la principal base del PSOE es la gente mayor.

Aunque las generaciones más jóvenes tienen la ventaja de que el tiempo está de su lado, no pueden permitirse el lujo de la paciencia. La solución a la brecha generacional tiene que ser ideológica, una obra de la inteligencia. El proyecto ganador será aquel que sea capaz de absorber lo viejo bajo el manto de lo nuevo. En este sentido, es mucho más probable que surja desde la izquierda socialista que desde el centro neoliberal.

Aquí en España, el fracaso del PSOE y Podemos a la hora de llegar a un acuerdo nos condujo a otro mandato del Partido Popular. Cuando se mire hacia atrás desde el futuro, las maniobras tácticas serán vistas como desacuerdos sectarios y contraproducentes que tuvieron lugar en un momento decisivo. Todos se han vuelto demasiado exquisitos. Las diferentes corrientes del reformismo español apenas pueden estar en la misma habitación, y aún menos averiguar cómo trabajar juntos.

EL ODIO HACIA LAS MISMAS COSAS

Las personas se unen con más facilidad en torno a lo que no les gusta que a lo que sí. Aun a falta de un programa o de una cosmovisión común, sigue habiendo mucho espacio para la convergencia. Este espacio lo proporciona el gran rechazo que provocan tanto el *statu quo* fallido como la derecha radical que busca reemplazarlo. La coalición necesaria para resistir a ambas fuerzas tendrá que ser por definición amplia, lo cual implica que lo que queda de las diferentes familias e ideologías progresistas tendrán que cooperar entre sí. La coyuntura obliga a todos a tener que tolerar extraños compañeros de viaje para hacer frente a una amenaza común. El confort es el sello distintivo de una coalición poco ambiciosa. Si quieres ser un purista, abre un blog. La política es construir alianzas; un terreno donde un "no" puede servir de base para alcanzar el "sí".

Cuando acababa de caer el Muro de Berlín, el Partido de los Trabajadores de Brasil creó el Foro de São Paulo. Dicho Foro reunió a movimientos sociales y partidos políticos de toda América Latina para discutir alternativas al capitalismo neoliberal dominante. El espectro ideológico allí representado abarcaba desde las organizaciones sociales católicas y los partidos socialdemócratas hasta los sandinistas y el Partido Comunista de Cuba. La declaración inicial del Foro hablaba de compartir análisis y generar nuevas ideas. Criticaba las políticas de austeridad y pedía la "conquista del pan, la belleza y la alegría".

¿La decadente política de Hillary Clinton y Tony Blair puede coexistir con Bernie Sanders y Jeremy Corbyn? ¿Pueden hacerlo el partido del primer Pablo Iglesias y el partido del segundo? ¿Pueden volver a estar de acuerdo Yorgos Papandréu, líder de la Internacional Socialista, y su viejo consejero, Yanis Varoufakis, fundador de DiEM 25? O en el caso más extremo, ¿cabe esperar que los socialdemócratas alemanes (el SPD) puedan llevarse bien con el partido de la izquierda alemana (Die Linke)? La fundación del SPD lleva el nombre del primer presidente de la República de Weimar, Friedrich Ebert. La del Die Linke se llama como Rosa Luxemburgo, que fue asesinada por unos paramilitares que estaban aliados con Ebert. Una respuesta positiva incomodaría a muchos, pero la negativa conllevaría un desastre mucho mayor.

Los conservadores, con la predisposición a aceptar la disciplina que les caracteriza, entienden bien la necesidad de la unidad. En Estados Unidos, el testaferro actual del cristianismo evangélico politizado es Donald Trump, un cleptócrata incompetente, representante del nepotismo y organizador de torneos de misoginia. A medida que el exhibicionismo de las redes sociales socava el decoro, su base puede regodearse sin complejos en la desvergüenza de su emperador desnudo. La gente ni siquiera pestañea ante las insinuaciones de los tejemanejes con Rusia. No importan. Los conservadores tradicionales están dispuestos a coquetear con la derecha radical siempre y cuando mantengan su dominio político. Tolerarán la hipocresía sin límites. Mantener la coalición, y por lo tanto el poder, es lo que importa. Un líder republicano genérico pero competente sería aún más peligroso.

Los partidos, por estigmatizados que puedan estar, son quienes estructuran la política democrática y articulan coaliciones políticas. Los elementos visibles de los partidos existentes —sus muchedumbres a veces devotas, sus secciones locales, sus insignes parlamentarios, sus portavoces en televisión— no son sino la punta del iceberg de unas infraestructuras mucho más grandes, invisibles y difusas. En la base están los sindicatos, las asociaciones profesionales y empresariales, los académicos y los periodistas, los trabajadores culturales y los *lobbies*, los grupos religiosos y hermandades étnicas, los clubs deportivos, etc. Son organizaciones con raíces muy profundas. El partido en sí es la sinécdoque de un todo mucho más amplio, la expresión concreta de fuerzas e ideologías sociales más abstractas. La búsqueda de la emoción por la novedad tiene el peligro de hacer que la gente se distraiga y no tenga en cuenta fuerzas que, aunque más aburridas, están más consolidadas.

Una estrategia de resistencia exitosa no será propiedad exclusiva de un solo grupo. Solo una acción amplia inspirada por una serie de fuerzas progresistas será capaz de hacer frente a las fuerzas que tiene en contra. La gama puede ir desde los comunistas hasta los liberales y los democristianos, pasando por los socialistas, los socialdemócratas, los verdes y los radicales, acompañados por anarquistas, piratas y otros partidarios de la horizontalidad. Todos ellos componen las diferentes y desorganizadas tendencias del aún inexistente partido del futuro.

En la actualidad, este partido solo aparece de forma efímera en las jornadas electorales. Unos ciudadanos preocupados se tapan la nariz momentáneamente, cumplen con su deber, y votan por el mal menor. Pero esto no moviliza el entusiasmo. La tarea urgente de esta coalición en potencia es evitar que se malgaste el tiempo en una guerra civil, cuyas líneas de batalla se trazan según una serie de falsas dicotomías: si moldear o cortejar a la opinión pública, si trabajar dentro o fuera del sistema y si centrarse en el Estado-nación o no. Una lectura generosa entenderá que estos son todos complementos, no sustitutos. Es mucho mejor concebir a las personas o a los grupos que ocupan espacios políticos a tu lado como potenciales aliados que verlos como competidores directos. Cuanto mayor es la ambición de transformación, más grande tiene que ser la coalición.

CAMBIAR LA OPINIÓN PÚBLICA O COGER LA OLA

"Ahora todos somos keynesianos" es una frase apócrifa atribuida a Richard Nixon que se utilizó para resumir la efímera capitulación intelectual de su partido. Varias décadas después, cuando se le preguntó a Margaret Thatcher cuál era su mayor logro, ella respondió: "El nuevo laborismo". Las victorias más grandes tienen lugar cuando incluso tus adversarios más acérrimos se convencen de tu punto de vista. Nunca es fácil; los antiguos regímenes son persistentes. Todavía hoy, esparcidas por Europa, existen unas extrañas y pequeñas cortes monárquicas, agrupadas alrededor de los herederos de unos reyes depuestos. Los aspirantes al trono se mantienen ocupados conspirando y recompensando a sus partidarios con honores grandilocuentes y ficticios. No volverán a recuperar sus tronos, se supone, pero si tienen suerte lograrán hacerse con una invitación para la magnífica boda de uno de sus primos. Al fin y al cabo, todavía existen un montón de países atrasados donde las ideas políticas republicanas aún no se han implantado del todo. La perseverancia es el ingrediente secreto del éxito político.

El sentido común de hoy en día solo es posible gracias a la valentía política de ayer. La herencia recibida por una sociedad no se traduce automáticamente en un futuro predeterminado. Las actitudes pueden cambiar muy rápidamente. La historia no es el destino. Cuando

Zapatero legalizó el matrimonio entre personas del mismo sexo en 2005, lo hizo con los sectores tradicionalistas en contra. Así, eligió los principios antes que la complacencia y se puso al servicio de la persuasión. España, un país que se suponía profundamente católico (sobre todo visto desde fuera), tiene ahora la actitud más tolerante del mundo hacia la homosexualidad. Las batallas políticas se libran en el presente, pero cómo se libren dará forma a los contornos de la política del porvenir.

El trabajo recurrente de la persuasión política tiene como objetivo cambiar los márgenes de lo tolerable. Reestructura qué es lo que queda marginado, si no completamente excluido, en el discurso popular. Redibuja las fronteras de lo político. En la batalla de las ideas, lo que uno pretende es acabar siendo quien define lo que se entiende por sentido común. Esta es la razón por la cual la peor manera de lidiar con el auge de la derecha radical sería normalizar sus ideas. Si se permite que esto suceda, el proceso de elecciones se reducirá a escoger quién tiene el derecho a administrar su victoria. Del mismo modo, aquellos que insisten en que las luchas por la emancipación no pueden ser compatibles con las luchas en favor de la protección social se están preparando para sacrificar ambas; hay que mantenerse firme. Sin embargo, aunque las dos cosas estén relacionadas, ganar la discusión no es lo mismo que ganar las elecciones.

Ciertamente, la batalla de las ideas no se decide en las urnas. Las elecciones son un indicador mucho mejor de quién está teniendo éxito a la hora de moldear o apropiarse de la agenda política. Aun así, el planteamiento electoral más básico sigue siendo el de si toca darle otra oportunidad al gobierno actual o si toca darle la patada. Y a pesar de todo, la situación económica reciente sigue siendo un determinante importante del comportamiento político. En el mejor de los casos, los individuos pueden elegir entre una variedad de proyectos en diferentes etapas de madurez o decadencia. Lo que llega a estar en el menú depende de años, si no décadas, de actividad previa llevada a cabo en las cocinas que compiten.

Los programas de televisión y las películas de temática política solo son interesantes debido a la enorme cantidad de elementos poco excitantes que se dejan fuera. "La política consiste en una dura, prolongada y aburrida penetración a través de tenaces resistencias", escribió Max Weber; Leonard Cohen hablaba de los años de aburrimiento derivados de intentar cambiar el sistema desde dentro. El arduo proceso de deliberación continúa y el trabajo minucioso de elaborar unos consensos amplios —tareas que son propias de Sísifo cuando el terreno está siempre cambiando— rara vez se representan. Lo mismo se aplica a las reuniones interminables y a las disputas burocráticas. Pero es precisamente todo el trabajo subterráneo, el que es poco glamuroso y no suele celebrarse, el que sostiene cualquier proyecto.

Es mucho más probable que los partidos establecidos canalicen ideas generadas en otros lugares a que las originen. Por lo tanto, siguen siendo un terreno privilegiado y disputado en la batalla de las ideas, por culpa de la competencia interna entre facciones. La batalla de las ideas se da en todos los ámbitos: desde el momento en que alguien trata de sacar el máximo provecho a la inmediatez de los 140 caracteres en favor de su interés partidista hasta cuando estudiantes de postgrado debaten sobre las cuestiones filosóficas más sutiles. Cuanto más se aleja uno de las exigencias del día a día de la información política, más fácil es exigir pureza ideológica. Cuanto más te acercas, más fácil es acabar repitiendo disparates como un loro. Puede que los horizontes temporales sean diferentes, pero el trabajo va en paralelo. Un proyecto serio no se puede permitir el lujo de desentenderse de la tiranía de la inmediatez, pero tampoco el de renunciar al comportamiento estratégico de cara al largo plazo.

DENTRO Y FUERA DEL JUEGO POLÍTICO

Ganar unas elecciones democráticas es una condición previa esencial para poder llevar a cabo cualquier conjunto de reformas. Al menos, esta ha sido la teoría reformista del cambio más típica durante mucho tiempo: primero se logra llegar al gobierno y luego se usa el poder del Estado para promulgar una serie de políticas progresistas. Pero también esta estrategia es insuficiente por sí sola. Estar en el gobierno no es lo mismo que estar en el poder; ganar unas elecciones no te da una varita mágica. Los gobiernos están limitados por una serie de fuentes alternativas de poder que surgen desde dentro de la sociedad (por ejemplo, las grandes empresas, los intereses burocráticos arraigados o los medios de comunicación), así como constreñidos por su inserción en la economía mundial. Estos factores suponen severas restricciones en el camino hacia el cambio por la vía electoral. Una estrategia que se centre únicamente en las elecciones corre el riesgo de no hacer más que actuar como muleta del *statu quo*.

La vía electoral debe combinarse con fuertes apoyos en la sociedad civil, en los movimientos sociales y en los sindicatos. De esta forma se plantea una estrategia de dos vertientes; algo que, por otra parte, no es en absoluto algo nuevo. Ocupar las instituciones es tan necesario como ocupar las plazas. Construir el poder exclusivamente fuera del Estado te hará vulnerable frente a los actores políticos que se sirven del poder estatal para llevar a cabo políticas que van contra tus intereses. Tratar de manejar las palancas del Estado sin contar con apoyos externos te hará vulnerable ante una gran cantidad de adversarios. El partido necesita un movimiento; el movimiento, un partido.

NACIONAL VERSUS TRANSNACIONAL

Al igual que es necesario organizarse tanto dentro como fuera del juego electoral, es también necesario adoptar un segundo conjunto de estrategias en paralelo. La estrategia electoral tradicional se centra en ganar dentro de un área geográfica concreta: el Estado-nación. Los estados siguen siendo los actores clave. Si no gobiernas, no estarás en la mesa de negociación. Pero, al mismo tiempo, quienes circunscriben su reformismo dentro de las fronteras de un país concreto harían bien en no ignorar los constreñimientos internacionales. El gobierno de Alexis Tsipras descubrió esto tarde y por las malas. Cuando las decisiones se toman multilateralmente, las promesas unilaterales pierden gran parte de su fuerza. Las diferentes crisis a las que se enfrenta Europa, por ejemplo, requieren soluciones a nivel europeo. Para ello, hacen falta agentes capaces de operar a escala continental. Necesitas tener amigos en Francia y en Alemania si quieres conseguir algo en Bruselas.

Dadas estas limitaciones, está surgiendo un impulso que opta por replegarse hacia la primacía del Estado-nación y que va cobrando más fuerza cada día; esencialmente, es un intento de hacer como si este problema de coordinación no existiera o fuera a resolverse solo. Enfrentada a esta, hay una tendencia rival que pretende operar exclusivamente a nivel transnacional, divorciada de las realidades electorales nacionales. Al igual que la movilización dentro de las instituciones y la que se da fuera de las mismas tienen que complementarse necesariamente entre sí, hay que involucrarse y participar en todos los niveles de la política, desde el local al transnacional.

De nuevo, no hay nada original en decir que es crucial ganar no solo elecciones, sino también el debate ideológico, o que no basta con que haya un partido, sino que hace falta también un movimiento, o que es importante actuar tanto a nivel nacional como a nivel internacional. Lo que sería totalmente novedoso sería un actor político capaz de hacer todo al mismo tiempo. En cambio, lo que hay en su lugar es una gran cantidad de agentes especializados en diferentes tareas y que a menudo compiten entre sí. Esta división del trabajo político ha producido la división política de lo que antes era el movimiento obrero. Nadie ha logrado aún combinar todos esos elementos, pero tampoco nadie ha intentado hacerlo realmente. En lugar de ello, los complementos naturales y necesarios a menudo trabajan para sustituirse unos a los otros, lo cual va en detrimento del conjunto.

Para los conservadores es más sencillo reunir a sus electores alrededor de un proyecto compartido de la defensa de los viejos privilegios. Los progresistas tienen no solo que inventar el futuro, sino también que remediar el pasado. Alexis Tocqueville escribió que la fuerza de los partidos aumenta con la importancia de los retos que proponen. Lograr la seguridad económica universal, establecer unas políticas radicales de inclusión y evitar la debacle del carbono son objetivos por los que merece la pena luchar. Son lo suficientemente amplios como para invitar a la unidad, y lo suficientemente urgentes como para abogar en contra del sectarismo.

EL RECHAZO DEL CINISMO

Dos posturas fatalistas, e igualmente erróneas, lastran la política contemporánea. La primera dice que no hay alternativa, la segunda que la reforma bajo el capitalismo es imposible. Estas posturas, en realidad, son las dos caras de una misma moneda. Nuestras instituciones no son inamovibles, y la política es lo que determinará en qué tipo de sociedades vamos a acabar viviendo. Lograr un mundo que sea mucho mejor es posible y depende de nuestra acción política. Colectivamente, somos los protagonistas de la trama del guion social.

No será posible tomar medidas si no dejamos antes de creer que carecemos totalmente de poder. El mayor triunfo para los defensores del *statu quo* es convencer a la gente de que esto es así. Es muy fácil ser cínico acerca de cómo funciona la política, y escéptico respecto a la capacidad de los partidos y del proceso político a la hora de lograr objetivos. Si todos los partidos son iguales (o, peor aún, si son todos unos ladrones) y nunca va a cambiar nada, ¿qué sentido tiene nada de esto? Si es solo una enorme pérdida de tiempo, ¿por qué no quedarse en casa viendo Netflix? Tratan de que no nos molestemos en imaginar un futuro diferente.

El cambio no vendrá si no es de la mano de un compromiso ciudadano con el proceso democrático que sea más profundo y más amplio. Hacen falta mayores niveles de movilización y participación para lograrlo. La democracia no es solo un fin sino también un medio; el objetivo y el método para alcanzarlo. En base a sus intereses creados, los conservadores tratan de convencer a la gente de que la política no importa. Esta es la razón por la cual puede constatarse su tendencia a promover el abstencionismo. Saben que la participación determina los resultados, sobre todo en las urnas. Convencer a las personas de que el cambio es imposible es la mejor manera de evitar que se unan para tratar de llevarlo a cabo.

ATREVERSE CON UNA MAYOR DEMOCRACIA

La democracia recae en aquellos que realmente participan en ella. En todo el mundo rico, los pobres votan (y participan en política) en una proporción menor que la gente adinerada. El perfil de la gente que vota es diferente de la composición de la sociedad. Los votantes suelen ser más ricos, mayores y más conservadores que la población en su conjunto. Y como resultado, las políticas públicas benefician a los ricos, a los mayores y a los conservadores más de lo que sería en caso de que todo el mundo participara. También hay una brecha con respecto a los blancos en comparación con las minorías étnicas, o a la proporción de nativos con respecto a los inmigrantes. Esto explica en parte por qué los poderes fácticos se han interesado tanto a lo largo de la historia en restringir el derecho a voto. La privación de este derecho es una estrategia para limitar la participación y sofocar el cambio. A menudo, los derechos políticos y los económicos avanzan juntos.

Quienes no votan tienden a ser más progresistas porque son más pobres. Jesse Jackson dijo una vez, en referencia a la historia de David y Goliat, que los votantes no registrados son "piedras esparcidas por el suelo" que están por recoger, como sus votos. Reducir la brecha electoral entre ricos y pobres supondría que las opiniones de los más pobres estuvieran mejor representadas. El antídoto al giro hacia la plutocracia es que más gente participe en el funcionamiento del sistema democrático. Sin embargo, esto es lo contrario de lo que está ocurriendo. Necesitamos el mayor número posible de personas movilizadas y comprometidas.

Aristóteles definía la democracia como el gobierno de los pobres. La democracia en sí tiene todavía un largo camino por recorrer, y esto es algo que conviene recordar antes de perder la esperanza en la posibilidad de que se produzca un cambio a mejor en el contexto de un mundo globalizado. En el lugar en que se sentaron las bases de la democracia, la Antigua Grecia, las mujeres no tenían derecho al voto y la economía se basaba en los esclavos. Los países, pero sobre todo el mundo en su conjunto, se organizan todavía de una manera semejante. Los requisitos económicos que en el pasado definían el sufragio censitario siguen estructurando la participación política en la actualidad, si bien puede que hoy sean más sutiles que entonces. Los ciudadanos ricos del mundo rico tienen mucho más poder que los ciudadanos pobres de países pobres. Detener el ecoapartheid significa rechazar un mundo donde una minoría de personas del Primer Mundo cuenta más que todas los demás.

El síntoma de vivir en un mundo altamente desigual es que no se toman en consideración a los pobres. La democracia es a la vez la expresión formal de la igualdad —el voto de todas las personas vale lo mismo— y el mejor mecanismo para lograr una distribución más justa y limitar el poder de los más ricos. Las prioridades globales se formularían de una manera diferente si nos tomáramos en serio la idea de que cada persona debe contar lo mismo. Respecto a un tema como el cambio climático, la política sería radicalmente diferente si todo el mundo tuviera voto. Si hay un gran problema con la democracia es que todavía no hay suficiente en el mundo. Y, concretamente, que no hay suficientes pobres que voten. Conviene no olvidar que la división entre Primer, Segundo y Tercer Mundo fue originalmente concebida en paralelo a división de los tres estados en Francia. El Tercer Mundo toma su nombre por su mayor potencial revolucionario, que aún sigue intacto.

LA CONQUISTA DEL FUTURO

Cualquier proyecto que desee tener éxito debe tener un espíritu modernizador y dirigirse hacia el futuro. No solo tiene que deshacer el daño causado por la crisis más reciente, sino que debe evitar la próxima y mostrar el camino hacia nuevas conquistas sociales. Si no se presenta una alternativa, la derecha radical se aprovechará del vacío y llevará a cabo su proyecto de ecoapartheid. Las circunstancias económicas difíciles no son una excusa válida para legitimar la timidez programática. Los tiempos de crisis exigen una visión más audaz. Los reformistas progresistas han tenido siempre más éxito cuando han intentado grandes transformaciones.

La única manera de proteger lo que ya se ha conseguido es proponer un nuevo y más ambicioso pacto social. Debe redefinirse qué significa ser un ciudadano del Primer Mundo de tal modo que conlleve mayores derechos y mayores deberes. El objetivo no puede ser un retorno al pasado, a las viejas maneras de hacer las cosas. Lo que se requiere es una política que aspire a transformar y no solo a transaccionar. Debe apelar a los ideales y no solo a los intereses inmediatos; ser una política que invite a la gente a soñar masivamente con ir mejorando paso a paso.

El cambio es tan necesario como posible. Aquellos que nos criamos durante la edad de oro del neoliberalismo podemos cumplir nuestra misión generacional, que no es otra que poner fin a esta era. Una pequeña contribución puede, cuando es llevada a cabo por un gran número de personas, hacer posible un mundo en el cual todos podamos vivir vidas mucho más grandes y más libres. La posibilidad está ahí para ser conquistada. No dejes que te digan que no puede conseguirse.

AGRADECIMIENTOS

Me gustaría agradecerles a Arantxa Calvera y Pep Martí por animarme a escribir; a Andy Braithwaite, Kendra Coulter, Daniel González, Thomas Graham, Javi López, Rachel Margolis, Jack Storry y Francesc Trillas por sus comentarios; a Lluis Camprubi, Daniel Aldana Cohen, Thomas Maes, Tom Malleson y Armin Puller por sus críticas detalladas; a Ignacio Urquizu e Ignacio Sánchez-Cuenca por hacer posible este proyecto; a mi editora, Arantza Chivite, por su paciencia infinita y colaboración imprescindible; y a mi familia, por su apoyo incondicional.

BIBLIOGRAFÍA

ACHEN, Christopher H. y BARTELS, Larry M. (2016): *Democracy for Realists: Why Elections Do Not Produce Responsive Government*, Princeton Studies in Political Behavior, Princeton University Press.

ACKERMAN, Bruce A. y ALSTOTT, Anne (1999): *The Stakeholder Society*, New Haven, Yale University Press.

ALEXANDER, Michelle y WEST, Cornel (2012): *The New Jim Crow: Mass Incarceration in the Age of Colorblindness*, edición revisada, Nueva York, New Press.

ALPEROVITZ, Gar y DALY, Lew (2008): *Unjust Deserts: How the Rich Are Taking Our Common Inheritance*, Nueva York, New Press, distribuido por W.W. Norton & Co.

ANDERSON, Perry (2011): *The New Old World*, Londres, Nueva York, Verso.

ATKINSON, A. B. (2015): *Inequality: What Can Be Done?*, Cambridge, Massachusetts, Harvard University Press.

AVENT, Ryan (2016): *The Wealth of Humans: Work, Power, and Status in the Twenty-First Century*, Nueva York, St. Martin's Press.

BAKER, Dean (2017): *Rigged: How Globalization and the Rules of the Modern Economy Were Structured to Make the Rich Richer*, Washington, D.C., Center for Economic y Policy Research.

BARREIRO, Belén (2017): *La sociedad que seremos: digitales analógicos, acomodados y empobrecidos*, Barcelona, Planeta.

BECKERT, Sven (2014): *Empire of Cotton: A Global History*, primera edición, Nueva York, Alfred A. Knopf.

BLOODWORTH, James (2016): *The Myth of Meritocracy: Why Working-Class Kids Get Working-Class Jobs*, Londres, Biteback Publishing.

BLYTH, Mark (2015): *Austerity: The History of a Dangerous Idea*, Oxford, Nueva York, Oxford University Press.

Boushey, Heather; De Long, J. Bradford y Steinbaum, Marshall (eds.) (2017): *After Piketty: The Agenda for Economics and Inequality*, Cambridge, Massachusetts, Harvard University Press.

Boushey, Heather (2016): *Finding Time: The Economics of Work-Life Conflict*, Cambridge, Massachusetts, Harvard University Press.

Bregman, Rutger (2017): *Utopia for realists*, Bloomsbury.

Brynjolfsson, Erik y McAfee, Andrew (2016): *The Second Machine Age: Work, Progress, and Prosperity in a Time of Brilliant Technologies*, Nueva York, Londres, W.W. Norton & Company.

Buck-Morss, Susan (2002): *Dreamworld and Catastrophe: The Passing of Mass Utopia in East and West*, 1, Cambridge, MIT Press.

Carr, Matthew (2012): *Fortress Europe: Dispatches from a Gated Continent*, Nueva York, New Press.

Cartledge, Paul (2016): *Democracy: A Life*, Nueva York, Oxford University Press.

Chang, Ha-Joon (2009): *Bad Samaritans: The Myth of Free Trade and the Secret History of Capitalism*, Nueva York, Bloomsbury Press.

Chang, Ha-Joon (2002): *Kicking Away the Ladder: Development Strategy in Historical Perspective*, Londres, Anthem.

Coates, Ta-Nehisi (2015): *Between the World and Me*, Nueva York, Spiegel & Grau.

Cohen, Daniel Aldana (2016): "Street Fight: Urban Climate Politics in an Age of Finance and Revolt", Nueva York University.

Cowen, Tyler (2017): *The Complacent Class: The Self-Defeating Quest for the American Dream*, Nueva York, St. Martin's Press.

— (2011): *The Great Stagnation: How America Ate All the Low-Hanging Fruit of Modern History, Got Sick, and Will (eventually) Feel Better*, Nueva York, Dutton.

Crouch, Colin (2004): *Post-Democracy*, Malden, Polity.

Das, Satyajit (2016): *The Age of Stagnation: Why Perpetual Growth Is Unattainable and the Global Economy Is in Peril*, Amherst, Prometheus Books.

Davis, Mike (2007): *Late Victorian Holocausts: El Niño Famines and the Making of the Third World*, Londres, Verso.

Dorling, Daniel (2014): *Inequality and the 1%*, Londres-Nueva York, Verso.

Dunlop, Tim (2016): *Why the Future Is Workless*, University of New South Wales Press.

Ehrenreich, Barbara (1983): *The Hearts of Men: American Dreams and the Flight from Commitment*, The Anchor Library of Sociology, Garden City, Anchor Pr.

Emmott, Bill (2017): *The Fate of the West: The Battle to Save the World's Most Successful Political Idea*, Nueva York, PublicAffairs.

Esping-Andersen, Gosta (1990): *The Three Worlds of Welfare Capitalism*, Princeton, Princeton University Press.

— (2002): *Why We Need a New Welfare State*, Nueva York, Oxford University Press.

EVANS, Geoffrey (2017): *The New Politics of Class in Britain*, Nueva York, Oxford University Press.

FISHER, Mark (2009): *Capitalist Realism: Is There No Alternative?*, Winchester, O Books.

FLORIDA, Richard L. (2017): *The New Urban Crisis: How Our Cities Are Increasing Inequality, Deepening Segregation, and Failing the Middle Class— and What We Can Do about It*, Nueva York, Basic Books.

FORD, Martin (2015): *Rise of the Robots: Technology and the Threat of a Jobless Future*, Nueva York, Basic Books.

— (2009): *The Lights in the Tunnel: Automation, Accelerating Technology and the Economy of the Future*. U.S., Acculant Publishing.

FRANK, Robert H. (2016): *Success and Luck: Good Fortune and the Myth of Meritocracy*, Princeton, Princeton University Press.

FRANK, Thomas (2017): *Listen, Liberal, Or, What Ever Happened to the Party of the People?*

FRASE, Peter (2016): *Four Futures: Visions of the World after Capitalism*, Londres-Nueva York, Verso.

FRASER, Nancy (2013): *Fortunes of Feminism: From State-Managed Capitalism to Neoliberal Crisis*, Brooklyn, Verso Books.

FRAYNE, David (2015): *The Refusal of Work: The Theory and Practice of Resistance to Work*, Londres, Zed Books.

FREELAND, Chrystia (2013): *Plutocrats: The Rise of the New Global Super-Rich and the Fall of Everyone Else*.

FRIEDMAN, Benjamin M. (2005): *The Moral Consequences of Economic Growth*, Nueva York, Knopf.

FUKUYAMA, Francis (2006): *The End of History and the Last Man*, Nueva York, Free Press.

GALBRAITH, James K. (2014): *The End of Normal: The Great Crisis and the Future of Growth*, Nueva York, Simon & Schuster.

GALBRAITH, John Kenneth (1998): *The Affluent Society*, Boston, Houghton Mifflin.

GAMBLE, Andrew (2016): *Can the Welfare State Survive?*, Malden, Polity.

GEST, Justin (2016): *The New Minority: White Working Class Politics in an Age of Immigration and Inequality*, Nueva York, Oxford University Press.

GLAESER, Edward Ludwig (2012): *Triumph of the City: How Our Greatest Invention Makes Us Richer, Smarter, Greener, Healthier, and Happier*, Nueva York, Penguin Books.

GORDON, Robert J. (2016): *The Rise and Fall of American Growth: The U.S. Standard of Living since the Civil War*, The Princeton Economic History of the Western World, Princeton, Princeton University Press.

GORZ, Andre (2012): *Capitalism, Socialism, Ecology*, Radical Thinkers, Londres, Verso.

— (1989): *Critique of Economic Reason*, Radical Thinkers, Londres, Verso.
GRAHAM, Stephen (2016): *Vertical: The City from Satellites to Bunkers*, Londres-Nueva York, Verso.
GUILLUY, Christophe (2015): *La France périphérique: comment on a sacrifié les classes populaires*, París, Flammarion.
— (2016): *Le Crépuscule de La France D'en Haut*, París, Flammarion.
HABERMAS, Jurgen (1988): *Legitimation Crisis*, Cambridge, Polity Press.
HACKER, Jacob S. y PIERSON, Paul (2010): *Winner-Take-All Politics: How Washington Made the Rich Richer-and Turned Its Back on the Middle Class*, Nueva York, Simon & Schuster.
HARVEY, David (2011): *A Brief History of Neoliberalism*, Oxford, Oxford University Press.
HARVEY, David (2015): *Seventeen Contradictions and the End of Capitalism: David Harvey*, Oxford, Oxford University Press.
HAYES, Christopher (2012): *Twilight of the Elites: America after Meritocracy*, Nueva York, Broadway Paperbacks.
HEDGES, Chris (2010): *Death of the Liberal Class*, Nueva York, Nation Books.
HOCHSCHILD, Arlie Russell (2016): *Strangers in Their Own Land: Anger and Mourning on the American Right*, Nueva York, New Press.
HONNETH, Axel (2017): *The Idea of Socialism: Towards a Renewal*, Cambridge, Malden, Polity Press.
JACKSON, Tim (2017): *Prosperity without Growth: Foundations for the Economy of Tomorrow*, Abingdon, Oxon, Nueva York, Routledge.
JONES, Owen (2012): *Chavs: The Demonization of the Working Class*, Londres-Nueva York, Verso.
JONES, Reece (2017): *Violent Borders*, s.l., Verso.
JUDAH, Ben (2016): *This Is Londres*, s.l., Picador.
JUDIS, John B. (2016): *The Populist Explosion: How the Great Recession Transformed American and European Politics*, Nueva York, Columbia Global Reports.
KLEIN, Naomi (2008): *The Shock Doctrine: The Rise of Disaster Capitalism*, Nueva York, Picador.
— (2014): *This Changes Everything: Capitalism vs. the Climate*, Nueva York, Simon & Schuster.
LEGRAIN, Philippe (2007): *Immigrants: Your Country Needs Them*, Princeton, Princeton University Press.
LEON, Cedric de; DESAI, Manali y TUĐAL, Cihan (eds.) (2015): *Building Blocs: How Parties Organize Society*, Stanford, Stanford University Press.
LEONARD, Mark (2005): *Why Europe Will Run the 21st Century*, Nueva York, Public Affairs.
LEVINSON, Marc (2016): *An Extraordinary Time: The End of the Postwar Boom and the Return of the Ordinary Economy*, Nueva York, Basic Books.
LIVINGSTON, James (2016): *No More Work: Why Full Employment Is a Bad Idea*, Chapel Hill, The University of North Carolina Press.

LUCE, Edward (2017): *The Retreat of Western Liberalism*, Nueva York, Atlantic Monthly Press.

MADDEN, David J. y MARCUSE, Peter (2016): *In Defense of Housing: The Politics of Crisis*, Londres-Nueva York, Verso.

MAIR, Peter (2013): *Ruling the Void: The Hollowing of Western Democracy*, Londres-Nueva York, Verso.

MALM, Andreas (2016): *Fossil Capital: The Rise of Steam-Power and the Roots of Global Warming*, Londres-Nueva York, Verso.

MARCAL, Katrine (2016): *Who Cooked Adam Smith's Dinner?: A Story about Women and Economics*.

MASON, Paul (2016): *Postcapitalism*, s.l., Penguin Books.

MASON, Paul (2013): *Why It's Still Kicking off Everywhere: The New Global Revolutions*, Londres-Nueva York, Verso.

MAYER, Jane (2017): *Dark Money: The Hidden History of the Billionaires behind the Rise of the Radical Right*.

MAZZUCATO, Mariana (2014): *The Entrepreneurial State: Debunking Public vs. Private Sector Myths*, Londres-Nueva York, Anthem Press.

MILANOVIĐ, Branko (2016): *Global Inequality: A New Approach for the Age of Globalization*, Cambridge, Massachusetts, The Belknap Press of Harvard University Press.

MILLER, David (2016): *Strangers in Our Midst: The Political Philosophy of Immigration*, Cambridge, Massachusetts, Harvard University Press.

MINTON, Anna (2017): *Big Capital*, Penguin Books.

MIROWSKI, Philip (2013): *Never Let a Serious Crisis Go to Waste: How Neoliberalism Survived the Financial Meltdown*, Londres-Nueva York, Verso.

MISHRA, Pankaj (2017): *Age of Anger: A History of the Present*, Londres, Allen Lane.

MITCHELL, Timothy (2013): *Carbon Democracy: Political Power in the Age of Oil*, Londres, Verso.

MOKYR, Joel (2009): *The Enlightened Economy: An Economic History of Britain, 1700-1850*, The New Economic History of Britain, New Haven, Yale University Press.

MONBIOT, George (2016): *How Did We Get into This Mess?: Politics, Equality, Nature*, Londres-Brooklyn, Verso.

MOORE, Jason W. (2015): *Capitalism in the Web of Life: Ecology and the Accumulation of Capital*, Nueva York, Verso.

MORRIS, Ian (2015): *Foragers, Farmers, and Fossil Fuels: How Human Values Evolve*, The University Center for Human Values Series, Princeton, Princeton University Press.

MULLAINATHAN, Sendhil y SHAFIR, Eldar (2014): *Scarcity: The New Science of Having Less and How It Defines Our Lives*, Nueva York, Picador/Henry Holt and Co.

MULLER, Jan-Werner (2016): *What Is Populism?*, Filadelfia, University of Pennsylvania Press.

MURPHY, Richard (2016): *Joy of Tax*, Corgi.
NAVARRO, Vicenc (2015): *El subdesarrollo social de España: causas y consecuencias*, Barcelona, Anagrama.
PIKETTY, Thomas (2014): *Capital in the Twenty-First Century*, Cambridge Massachusetts, The Belknap Press of Harvard University Press.
POLITIKON (2014): *La urna rota: la crisis política e institucional del modelo español*, Debate sociedad, Barcelona, Debate.
POLLIN, Robert (2015): *Greening the Global Economy*, Boston Review Books, Cambridge, MIT Press.
PRASHAD, Vijay (2008): *The Darker Nations: A People's History of the Third World*, A New Press People's History, Nueva York, New Press.
PRZEWORSKI, Adam y SPRAGUE, John (1988): *Paper Stones: A History of Electoral Socialism* Chicago, Univ. of Chicago Press.
RAJAN, Raghuram (2011): *Fault Lines: How Hidden Fractures Still Threaten the World Economy*, Princeton, Princeton University Press.
REEVES, Richard V. (2017): *Dream Hoarders: How the American Upper Middle Class Is Leaving Everyone Else in the Dust, Why That Is a Problem, and What to Do about It*, Washington, D.C., Brookings Institution Press.
RIFKIN, Jeremy (2004): *The European Dream: How Europe's Vision of the Future Is Quietly Eclipsing the American Dream*, Nueva York, Jeremy P. Tarcher/ Penguin.
ROBIN, Corey (2013): *The Reactionary Mind: Conservatism from Edmund Burke to Sarah Palin*, Oxford, Oxford Univ. Press.
RODRIK, Dani (2011): *The Globalization Paradox: Democracy and the Future of the World Economy*, Nueva York, Norton.
ROTHSTEIN, Bo. (2005): *Social Traps and the Problem of Trust*. Theories of Institutional Design, Cambridge, Nueva York, Cambridge University Press.
RYAN-COLLINS, Josh; LLOYD, Toby; MACFARLANE, Laurie y MUELLBAUER, John (2017): *Rethinking the Economics of Land and Housing*, Londres, Zed Books.
SÁNCHEZ-CUENCA, Ignacio (2010): *Más democracia, menos liberalismo*, Madrid, Katz.
SAYER, R. Andrew (2016): *Why We Can't Afford the Rich*.
SCHEVE, Kenneth y STASAVAGE, David (2016): *Taxing the Rich: A History of Fiscal Fairness in the United States and Europe*, Princeton, Princeton University Press.
SCHOR, Juliet (2010): *Plenitude: The New Economics of True Wealth*, Nueva York, Penguin Press.
SITARAMAN, Ganesh (2017): *The Crisis of the Middle Class Constitution: Why Economic Inequality Threatens Our Republic*, Nueva York, Alfred A. Knopf.
SMIL, Vaclav (2010): *Energy Transitions: History, Requirements, Prospects*, Santa Barbara, Calif, Praeger.
SRNICEK, Nick y WILLIAMS, Alex (2015): *Inventing the Future: Postcapitalism and a World without Work*, Brooklyn, Verso Books.

Srnicek, Nick (2017): *Platform Capitalism*, Theory Redux, Cambridge, Malden, Polity.

Standing, Guy (2014): *The Precariat: The New Dangerous Class*, Londres-Nueva York, Bloomsbury.

Stern, N. H. (2015): *Why Are We Waiting?: The Logic, Urgency, and Promise of Tackling Climate Change*, The Lionel Robbins Lectures, Cambridge, Massachusetts, MIT Press.

Stiglitz, Joseph E. (2013): *The Price of Inequality*, Nueva York, W. W. Norton & Company.

Streeck, Wolfgang (2014): *Buying Time: The Delayed Crisis of Democratic Capitalism*, Brooklyn, Verso.

— (2016): *How Will Capitalism End?: Essays on a Failing System*, Londres, Verso.

Temin, Peter (2017): *The Vanishing Middle Class: Prejudice and Power in a Dual Economy*, Cambridge, Massachusetts, The MIT Press.

Unger, Roberto Mangabeira (1998): *Democracy Realized: The Progressive Alternative*, Nueva York-Londres, Verso.

— (2005): *What Should the Left Propose?*, Londres-Nueva York, Verso.

— (2016): *The Religion of the Future*, Verso.

Urquizu, Ignacio (2012): *La crisis de la socialdemocracia: ¿qué crisis?*, Madrid, Los Libros de la Catarata.

— (2016): *La Crisis de Representación En España*, Madrid, Los Libros de la Catarata.

Wagner, Gernot y L. Weitzman, Martin (2015): *Climate Shock: The Economic Consequences of a Hotter Planet*, Princeton, Princeton University Press.

Weil, David (2014): *The Fissured Workplace: Why Work Became so Bad for so Many and What Can Be Done to Improve It*, Cambridge, Massachusetts, Harvard University Press.

Welzer, Harald (2012): *Climate Wars: Why People Will Be Killed in the Twenty-First Century*, Cambridge-Malden, Polity Press.

Wolf, Martin (2015): *The Shifts and the Shocks: What We've Learned —and Have Still to Learn— from the Financial Crisis*, Nueva York, Penguin Press.

Wright, Erik Olin (2015): *Understanding Class*, Londres-Brooklyn, Verso.

Wrigley, E. A. (2010): *Energy and the English Industrial Revolution*, Cambridge-Nueva York, Cambridge University Press.

Zucman, Gabriel (2015): *The Hidden Wealth of Nations: The Scourge of Tax Havens*, Chicago, The University of Chicago Press.